GUIA DA CULINÁRIA OGRA

195 lugares para comer até cair

Copyright © André Barcinski, 2012

Preparação: Malu Rangel
Revisão: Cátia de Almeida
Projeto gráfico de miolo e diagramação: Lili Tedde
Ilustrações: Maria Eugênia
Capa: Mayumi Okuyama
Imagem da capa: Tim Platt / Getty Images

CIP-BRASIL. CATALOGAÇÃO-NA-FONTE
SINDICATO NACIONAL DOS EDITORES DE LIVROS, RJ

B22g
Barcinski, André
 Guia da culinária ogra / André Barcinski. - São Paulo : Planeta, 2012.
 112p.

 ISBN 978-85-7665-857-3

 1. Restaurantes - São Paulo (SP) - Indicadores. 2. Gastronomia - São Paulo (SP) - Indicadores. I. Título.

 12-4630.   CDD: 647.958161
                                   CDU: 640.43(815.6)

2013
Todos os direitos desta edição reservados à
EDITORA PLANETA DO BRASIL LTDA.
Avenida Francisco Matarazzo, 1500
3º andar – conj. 32B – Edifício New York
05001-100 – São Paulo – SP
www.editoraplaneta.com.br
atendimento@editoraplaneta.com.br

ANDRÉ BARCINSKI

GUIA DA CULINÁRIA OGRA

195 lugares para comer até cair

3ª reimpressão

🌐 Planeta

APRESENTAÇÃO

Este livro não tem a intenção de ser um guia completo de restaurantes "ogros" de São Paulo. Em primeiro lugar, porque é uma tarefa impossível. Qualquer um que diga conhecer TODOS os restaurantes, botecos e pés-sujos desta megalópole é um mentiroso. Este é um guia pessoal, inspirado em experiências pessoais. E está sujeito a todo tipo de imperfeições e injustiças.

Quando o assunto é comida, nossas predileções dependem de vários fatores: gosto pessoal, história de vida, origem da família e até o bairro onde moramos. Se você vive e trabalha em uma determinada região da cidade, então é natural que frequente restaurantes perto dali.

Sempre morei e trabalhei na região do centro. E o centro, apesar do abandono a que foi relegado por nossos políticos, ainda é o melhor lugar para se comer bem e barato em São Paulo. Por isso, é natural que boa parte dos lugares indicados neste guia fique na região central da cidade.

Isso quer dizer que não há restaurantes no extremo da zona sul que mereçam estar na lista? Claro que não.

Como disse, admito a imperfeição das minhas escolhas. Tenho certeza que muitos lugares ótimos não entraram neste livro. E não entraram por uma única razão: porque eu ainda não tive a sorte de visitá-los.

Mas espero que isso mude. Torço para que você se inspire neste guia e indique restaurantes e botecos que mereçam estar em próximas edições. Toda dica será bem-vinda.

Aguardo sua sugestão: andrebarcinski.folha@uol.com.br

O QUE É UM RESTAURANTE OGRO?

Gosto de comer de tudo. Tudo mesmo. Consigo ver beleza numa coxinha de dois reais e num prato de 200.

Mas tenho de confessar: adoro um PF de boteco. Poucas coisas me dão mais prazer do que descobrir uma birosca que serve um bife sensacional ou um pé-sujo com aquela feijoada dos sonhos.

O problema é que muitos desses lugares não aparecem em guias, até por não se importarem com estrelas, prêmios ou concursos.

Essa foi a maior inspiração do guia: juntar lugares ótimos para comer em São Paulo, mas que não recebem a atenção e a publicidade devidas.

Isso quer dizer que todos os lugares indicados são desconhecidos? De forma alguma. Tentei misturar lugares tradicionais da cidade a outros mais "escondidos". Por exemplo: nenhum guia para famintos em São Paulo pode abrir mão da bisteca do Sujinho ou da pizza da Castelões, só para citar dois restaurantes clássicos da cidade. Ao mesmo tempo, existem incontáveis botecões ótimos e que não são muito conhecidos.

Como seria, então, um guia que reunisse a nata dos "mata-fome" da cidade? Que pré-requisitos o lugar teria de atender para ser incluído?

Foi pensando nisso que cheguei aos...

DEZ MANDAMENTOS DOS TEMPLOS OGROS

1. Não pode ter nome começando por "Chez" ou terminando por "Bistrô".
2. A comida precisa ocupar ao menos 85% da área total do prato (de preferência com uma taxa de ocupação de mais de 100%, como bifes que caem pelas bordas).
3. Não pode ter "chef" e sim "cozinheiro".
4. Não pode ficar dentro de shopping (nada mais deprimente que praça de alimentação).
5. Algumas palavras estão terminantemente proibidas nos cardápios: "nouvelle", "brûlée", "pupunha", "espuma", "lâmina", "lascas", "redução" e "contemporânea".
6. Não pode ter "menu" e sim "cardápio".
7. Os garçons não podem ser modelos, manequins ou atores, mas, de preferência, velhos e feios.
8. Os garçons precisam passar no teste da colherinha, que consiste em servir arroz com uma só mão, juntando duas colheres, sem derramar um grão sequer.
9. A bebida servida no local tem de "descer bem" e não "harmonizar".
10. O teste final: se o garçom, ao ser perguntado "O que é 'El Bulli'?", responder qualquer coisa que não seja "é onde eu sirvo o café", o restaurante está sumariamente eliminado.

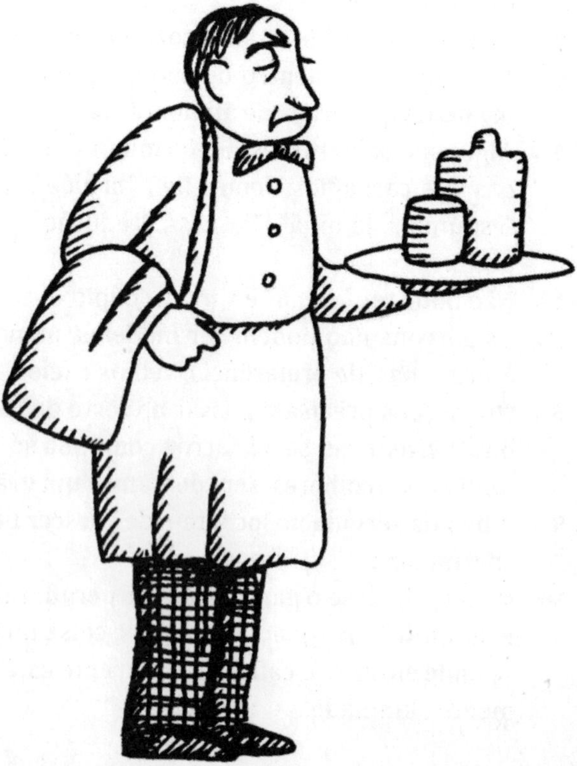

OS CAPÍTULOS

Para facilitar o trabalho dos famintos, dividi os restaurantes em dez grupos:

1. PF e Almoço 11
2. Carnes 25
3. Pizzarias e Italianos 33
4. Japoneses e Coreanos 41
5. Chineses 53
6. Nordestinos 61
7. Árabes e Similares 69
8. Lanches e Salgados 81
9. Petiscos 93
10. Étnicos Variados 103

Os restaurantes estão listados em ordem de preferência. Os primeiros de cada capítulo são os que frequento mais. O que não quer dizer que os últimos não sejam também fantásticos.

Não classifiquei os lugares por preço porque são, a princípio, lugares baratos. Os mais caros, fiz questão de destacar no texto.

Procurei colocar endereço completo de todos os locais, mas alguns infelizmente não tinham telefone.

Na página 109, todos os lugares citados estão divididos por região da cidade, para facilitar a busca no bairro de sua preferência.

Boa viagem e, principalmente, BOM APETITE!

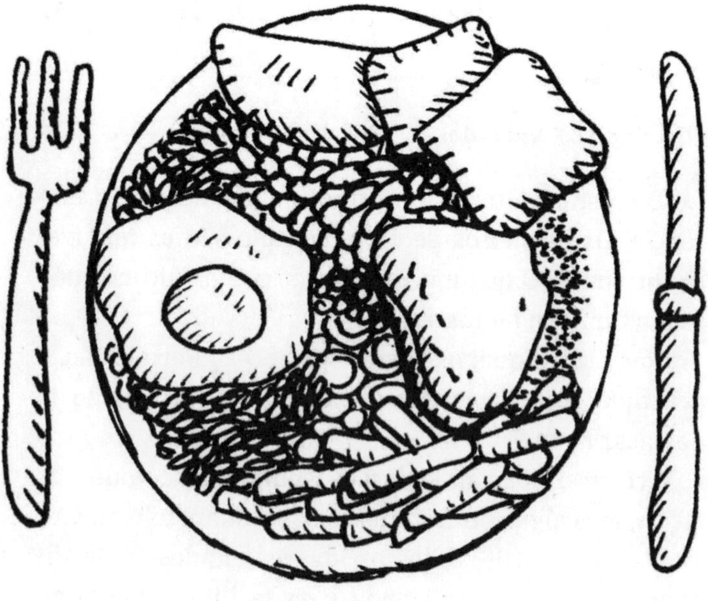

1.
PF E ALMOÇO

Existem incontáveis restaurantes em São Paulo que não são "especializados" em nenhum tipo de comida. São apenas lugares confiáveis como colo de mãe, com cardápios grandes e variados, aos quais você pode chegar e pedir qualquer coisa, sem medo. Seja no domingão em família ou numa escapada rápida do trabalho para um PF, restaurantes como os listados a seguir são ótimas pedidas.

. PASV .

Comer no PASV é a sensação mais próxima de almoçar na casa da avó. Lá você é sempre tratado como uma criança mimada: "Quer mais uma farofinha, meu filho?", "Tá bom o bifinho? Vai mais um pouco de cebolinha frita em cima?".

Frequento o PASV há mais de 20 anos – existe desde 1970 –, e o lugar parece congelado no tempo. Só tem duas garçonetes septuagenárias e fofíssimas, chamadas Dona Glória e Dona Maria. Como eu nunca sei qual é a Glória e qual é a Maria, chamo as duas de Glória Maria, e está tudo bem.

O PASV é um botecão espanhol com um cardápio imenso. Tem carnes, massas, peixes, sopas... Tem uma grelha de onde saem uns bifes suculentos. Mas o carro-chefe são os pratos espanhóis: polvos, lulas, o insuperável puchero (um cozido espanhol com paio, linguiça, grão-de-bico e outros vegetais).

É o único lugar que conheço onde você pede uma paella para viagem e eles deixam você levar o tacho para casa. Eles só põem um plástico fino em cima para não esfriar e você sai andando pela Avenida São João com um tacho fumegante de paella. Da última vez, nosso carro ficou cheirando a açafrão por três anos.

Parece que a Dona Glória se aposentou. Ou terá sido a Dona Maria? Sempre confundo as duas...

Av. São João, 1.145, República, tel. (11) 3221-2715

. LA FARINA .

Na Rua Aurora, quase esquina com a Avenida São João, num quarteirão já engolido pela diabólica Cracolândia, fica um dos meus refúgios prediletos para o almoço: o La Farina.

O La Farina tem tudo de que eu gosto: um cardápio longo, com ótimas opções de almoço, massas caseiras muito boas, garçons velhos e profissionais – nada de modelos ou estudantes de filosofia – e um climão de centro velho. Tudo por um precinho bacana. Pena que tem TVs passando notícias, mas nada é perfeito, certo?

Sempre peço o bife à milanesa com fettuccine ao pesto. E a feijoada também é sensacional.

R. Aurora, 610, Centro, tel. (11) 3222-0893

. ITA .

O melhor PF que conheço: saboroso, rápido e barato.

Inaugurado em 1953, o Ita fica bem ao lado do Largo do Paissandu. Não é exatamente o lugar ao qual você levaria a namorada para um almoço romântico, mas é ideal para matar a fome sem gastar os tubos.

O lugar é muito simples, com um grande balcão de mármore em formato de "W". O cardápio é extenso, com pratos tradicionais como rabada, dobradinha e feijoada (a Carioquinha, servida no prato), além de ótimas carnes.

Perdi a conta de quantas vezes pedi o Paissandu, um prato de arroz, feijão, bife e ovo frito, verdadeira salvação dos motoboys paulistanos. O Ita serve também um bom bacalhau ao forno, que dá para dividir.

Três coisas que adoro no lugar: serve sucos naturais, boas sobremesas (o pudim de leite é excelente) e os garçons calculam a conta a lápis, no próprio balcão. Um charme.

R. do Boticário, 31, Centro, tel. (11) 3223-3845

. FEIJOADA DA DONA CIDA .

O nome da rua já diz tudo: Rua Piloto. Porque o que mais tem no Feijoada da Dona Cida, especialmente às quartas, são motoboys, que se empanturram com a especialidade da casa.

O lugar existe há quase 30 anos. A feijoada, servida às quartas e sábados, é ótima. Recomendo a versão "normal", que tem língua e orelha. Se você tiver preconceito contra partes mais ortodoxas do porco, pode pedir a "light", que vem só com linguiça, paio, carne-seca e costelinha. Mas isso é coisa de fresco. Um aviso: aos sábados, chegue cedo, porque o lugar lota e o atendimento piora muito.

R. Piloto, 103, Vila das Mercês, tel. (11) 2969-5307

. ROSAS .

Se alguém fizer um livro sobre os pratos mais marcantes da gastronomia ogra brasileira, a salada de escarola com torresmo do Rosas merece um lugar de destaque.

Esta churrascaria do ABC, fundada há quase meio século, é famosa também por um gigantesco filé à parmegiana e pelo espeto misto, com lombo, filé-mignon e linguiça. Não deixe de provar a ótima limonada, que vem com uma charmosa vareta de madeira para você misturar o suco.

R. Natal, 285, Santo André, tel. (11) 4972-1699

. ESTADÃO .

Verdadeira lenda das madrugadas paulistanas desde os anos 1960, o Estadão continua firme e forte. Um dos poucos lugares onde você pode bater uma feijuca às 4 da manhã (às quartas e aos sábados), é destino certo de trabalhadores da região na hora do almoço e de boêmios nas madrugadas, que se recuperam da balada com o mitológico sanduíche de pernil da casa. É bem divertido ver o povo curando a ressaca com aquele pernilzão.

Viaduto 9 de Julho, 193, Centro, tel. (11) 3257-7121

. SOUZA .

Assim como o Estadão, o bom e velho Souza já me salvou em muitas madrugadas famintas. Aberto 24 horas, este botecão na Avenida Pompeia serve ótimos pratos (os parmegianas são nota dez) e sanduíches de respeito, como o de churrasco com queijo e vinagrete. Como diz um amigo, ain-

da dá para se divertir vendo as meninas saindo do trabalho na casa da luz vermelha, do outro lado da avenida.
Av. Pompeia, 1.115, Pompeia, tel. (11) 3875-4726

. UGUE'S .

O pessoal faz fila para a feijoada de sábado, mas o Ugue's, um botecão na Santa Cecília, esconde outras belezas em seu repertório. Os PFs são ótimos, os hambúrgueres também, e a coxinha é de outro planeta. Um amigo diz que é o melhor croquete da cidade. Ogros de primeira linha podem tentar o Ugue's Especial, um cheese-salada-bacon feito no pão de forma e enrolado num omelete. Juro.
R. Marquês de Itu, 1.039, Santa Cecília, tel. (11) 3661-3197

. DONA ONÇA .

Não é o lugar mais barato que você vai encontrar neste guia, mas vale muito a visita. O Dona Onça serve uma feijoada sensacional, além de outros pratos brasileiros bem tradicionais, como frango com quiabo, picadinho de filé com ovo frito e um arroz de galinha caipira com quiabo que me fez voltar lá para provar de novo. Quem preferir pode ficar só nos petiscos, com opções como moela de frango ao molho, costela de tambaqui frita e linguiça de porco feita na casa.

Outra vantagem é a localização: fica dentro do Edifício

Copan, ou seja, você pode comer sem precisar ver a obra de Niemeyer.

Av. Ipiranga, 200, República, lojas 27 e 29, tel. (11) 3257-2016

. GUANABARA .

Mais centrão impossível: na esquina da Avenida São João com o Vale do Anhangabaú fica o Guanabara, inaugurado em 1910 (em outro endereço) e, aparentemente, servindo aos mesmos clientes e com os mesmos garçons desde então.

O lugar é sensacional. Nunca sei se peço os especiais de almoço (o ossobuco com risoto de champignon é campeão), o croquete de bacalhau ou um dos "sanduíches especiais" (meu preferido é o Panaka's, com rosbife, provolone e queijo palmira). O cardápio é tão grande que dá para comer lá um ano inteiro sem repetir um prato.

Av. São João, 128, Centro, tel. (11) 3228-0958

. ALIADOS .

Outro salvador das madrugadas, o Aliados fica aberto até as 3 da matina, todos os dias. As carnes são ótimas, os pratos são baratos e as porções, gigantescas. É lá que o pessoal que trabalha no Mercadão Municipal vai encher o bucho depois de um longo dia carregando caixas de legumes e azeitonas. Tente o contrafilé na brasa ou a picanha à brasileira, com arroz, feijão, fritas, farofa e salada.

Av. Rio Branco, 492, Campos Elíseos, tel. (11) 3221-4860

. PADARIA PALMEIRAS .

Aqui você encontra PFs dignos de caminhoneiro e uma pizza de padaria famosa na região. A mais conhecida é a Palmeiras. Sinta o tamanho da encrenca: tem a borda recheada com calabresa e catupiry (é isso mesmo, você não leu errado) e é coberta com presunto, ovo, mozarela, bacon e pimentão. No almoço, o lugar serve um contrafilé à brasileira de responsa.

Pça. Marechal Deodoro, 268, Santa Cecília, tel. (11) 3666-6054

. ROYAL .

Conhecido mata-fome da região da Barra Funda, serve pratos tradicionais de almoço (virado, dobradinha). Mas o destaque mesmo é a feijoada, uma das melhores e mais baratas da região. À noite funciona como pizzaria, mas eu sempre comi a feijoada e nunca tive fome para pedir a pizza.

R. Lopes Chaves, 116, Barra Funda, tel. (11) 3666-5548

. CAFÉ DA SOGRA .

Não sei que acontecimento motivou o nome do local, mas nunca encontrei minha sogra por lá. Encontrei, sim, comida caseira de primeira, pratos típicos de almoço (feijoada, virado, rabada, fígado acebolado) e um sensacional bacalhau à Gomes de Sá, preparado às sextas.

R. Senador Feijó, 163, Centro, tel. (11) 3242-4071

. DEGAS .

Quando se fala em filé à parmegiana, muita gente se lembra imediatamente do Degas. É o prato mais famoso do restaurante, e não sem razão: a carne é ótima e o filé "individual" tem o tamanho de um capacho de porta e dá tranquilamente para três pessoas.

Sempre fui ao Degas da Pompeia, mas quem frequenta o de Pinheiros diz que a ogrice é igual.

Av. Pompeia, 796, Pompeia, tel. (11) 3873-2736
R. Teodoro Sampaio, 550, Pinheiros, tel. (11) 3081-1265

. CAVERNA BUGRE .

Dizem que o kassler e a linguiça de vitela do Caverna Bugre são sensacionais. Eu não sei, porque, das trinta vezes que fui lá, só consegui pedir o filé alpino, uma barbaridade de filé-mignon coberto com catupiry, copa e provolone gratinado ao molho inglês. É difícil fazer qualquer coisa depois, mas a satisfação é garantida.

R. Teodoro Sampaio, 334, Pinheiros, tel. (11) 3085-6984

. O DONO DA NOITE .

O nome deste lugar não poderia ser mais adequado: depois que você devora um bobó de camarão, um caldo de fava ou uma dobradinha no meio da madrugada, sua noite realmente acabou. Comida nordestina de primeira, aberto até as 5 da manhã.

Av. Gustavo Adolfo, 1.006, Vila Gustavo, tel. (11) 2951-9812

. CHIVITO DE OURO .

Já morei próximo ao metrô Vila Madalena e fui salvo em diversas ocasiões pelos PFs suculentos e baratos do Chivito de Ouro. O lugar serve um lanche que é uma verdadeira bestialidade: o Chivito Especial, com filé-mignon, presunto, queijo, bacon, ovo, salada e maionese. Peça no prato, porque é impossível manter tudo isso dentro de duas fatias de pão de maneira civilizada.

R. Heitor Penteado, 1.565, Sumarezinho, tel. (11) 3864-5646

. SALADA RECORD .

Outra instituição paulistana, com ambiente simples e garçons que parecem viver lá desde os tempos imemoriais. O carro-chefe é o virado à paulista, mas o pastel servido de entrada também é matador.

Av. São João, 719, República, tel. (11) 3223-1881

ITAMARATI

Garçons veteranos de gravata borboleta, um porteiro de quepe que abre a porta para os clientes e mesas lotadas de juristas e advogados. É o Itamarati, uma relíquia da época em que o único crack visto no centro de São Paulo era o Leônidas da Silva. O virado à paulista é tradição há décadas. E, para finalizar, café de coador, como convém. Não é barato como outros lugares do guia, mas vale a visita.

R. José Bonifácio, 270, Centro, tel. (11) 3241-4929

PATÁ CHURRAS

Por dois ou três anos morei a meio quarteirão do Patá Churras, um botecão em Pinheiros, daqueles que espalha cheiro de churrasco pelo bairro todo. Perdi a conta de quantas vezes comi o PF de filé na chapa com fritas, que obviamente vem com batata frita e arroz. O omelete também é muito bom.

R. Antônio Bicudo, 352, Pinheiros, tel. (11) 3812-0277

ESTRELA DA TITO

Famosa na zona oeste, esta lanchonete serve comida caseira muito boa. O PF de frango à milanesa é um dos pratos mais pedidos, assim como a carne-seca na manteiga, servida às terças e às quintas.

R. Tito, 639, Vila Romana, tel. (11) 2667-6399

. ERVA DOCE .

O pessoal da Editora Abril, que fica ao lado, costuma lotar o lugar – conhecido por "toldo preto" – para comer o insano prato de lasanha com arroz, que pode ser trocado por lasanha com fritas. O filé à parmegiana é muito pedido também.
R. Paes Leme, 314, Pinheiros

. SABIÁ .

Botecão clean e amplo, com ótima comida e ambiente bacana. Ficou fechado um bom tempo, mas reabriu depois, igualzinho. Adoro as porções de moela e língua (como é difícil achar língua em São Paulo, não?) e os sanduíches, especialmente o bife à milanesa. A rabada também é ótima, assim como o arroz com camarão. Mas meu prato predileto lá é mesmo o bife à milanesa com salada de batata.
R. Purpurina, 370, Vila Madalena, tel. (11) 3032-1617

. MARAJÁ .

Inaugurado em 1967, o Marajá tem PFs e pratos do dia que já são uma tradição no centro. Restaurante de outrora, tem aquelas paredes de ladrilho e fotos antigas penduradas (e TVs, que nada é perfeito). A feijoada é o hit, às quartas, quando o lugar fica até com fila na porta, e o filé à parmegiana é gigante, delicioso, e vale a visita.
R. Martins Fontes, 153, Centro, tel. (11) 3257-1747

. CALIFÓRNIA .

O restaurante se chama Califórnia, mas os donos são portugueses. Vai entender. Os melhores pratos são mesmo os lusitanos – bolinho de bacalhau, dobradinha e um bacalhau ótimo. As carnes também são muito boas. É um lugar antigo, com garçons "garçons" – sem brinco ou sonhos de ser modelo – e aquele jeitão do centro velho. Como a gente gosta.

R. Gabus Mendes, 37 A, República, tel. (11) 3259-2677

. CEREJA .

Tradicionalíssimo restaurante da zona leste, tem um cardápio grande, com carnes grelhadas e peixes. O destaque é o bacalhau dourado com legumes, que vem gratinado e fumegando. O bolinho de bacalhau também é dez.

R. Siqueira Bueno, 2.325, Belenzinho, tel. (11) 2606-5562

. BAR DO MÁRIO .

Pé-sujo – e com orgulho – na esquina da Rua Artur de Azevedo com a Joaquim Antunes, serve PFs bons e baratos durante a semana, além de uma excelente feijoada às quartas e aos sábados. O lugar fica lotado, por isso é bom chegar cedo. Outra boa pedida é o chorizo argentino, que sai bastante.

R. Artur de Azevedo, 1.162, Pinheiros, tel. (11) 3061-5865

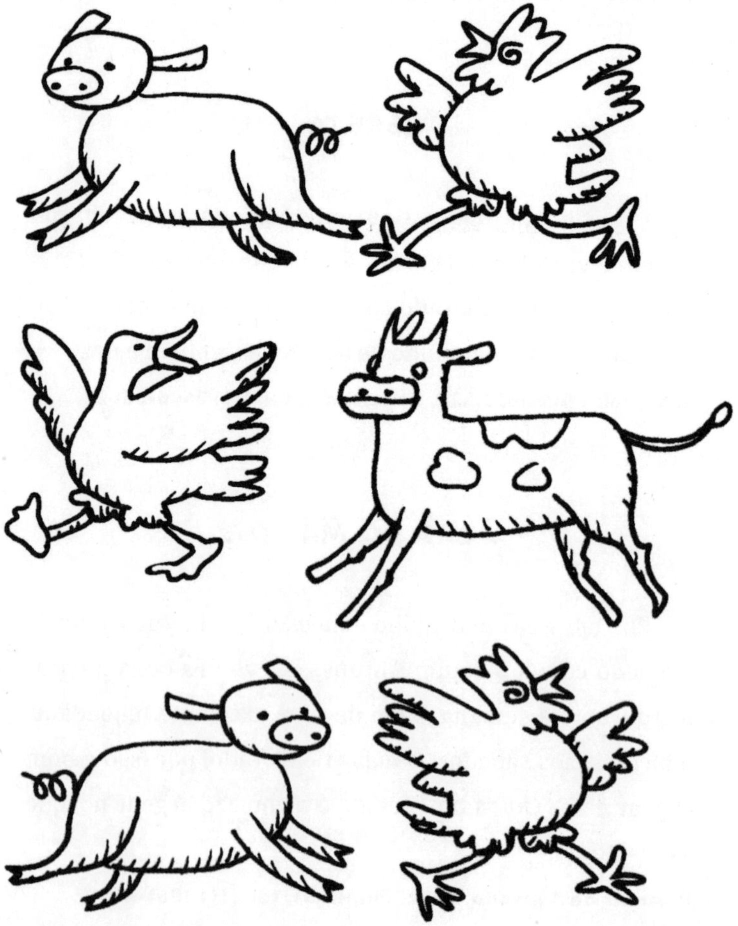

2. CARNES

Nada como aquela alcatra sangrando, aquela picanha malpassada ou aquele franguinho com a pele crocante para alegrar nossos dias. Aqui, uma lista de ótimas churrascarias da cidade, nas quais você pode encontrar bistecas à Fred Flintstone sem gastar os tubos.

Perceba que não incluí nenhuma churrascaria com rodízio. Não sou grande fã de rodízios, de nenhum tipo. Para quem gosta, há vários blogs especializados no assunto.

. SUJINHO .

O Sujinho, ou "Bar das Putas", como é chamado há décadas, é um clássico paulistano. Hoje nem é tão sujo assim, nem as "primas" frequentam tanto o lugar (ou, se frequentam, o fazem em horários diferentes dos meus).

Quando fui ao Sujinho pela primeira vez, no fim dos anos 1980, era bem mais "raça" que hoje. O sucesso foi tanto que hoje o Sujinho está em quatro endereços: um no centro e três na mesma esquina da Rua da Consolação, além de uma hamburgueria na Rua Maceió. Frequento muito o Sujinho da esquina da Avenida Rio Branco com a Ipiranga, por causa do ar-condicionado.

Em todos, a comida é muito boa: filés gigantescos, bistecas que dão para duas pessoas e as tradicionais entradas de salada de repolho e cebola no vinagre. Atenção: as unidades da Consolação ainda não aceitam cartões.

R. da Consolação, 2.063, 2.068 e 2.078, Consolação, tel. (11) 3231-1299

Av. Ipiranga, 1.058, República, tel. (11) 3229-9986

. BOI NA BRASA .

Ponto tradicional das madrugadas carnívoras de São Paulo, fica aberto até as 5 da manhã e recebe artistas, boleiros e, claro, as meninas que frequentam a Love Story, ali pertinho. A mistura de todos esses personagens da noite, o delicioso cheiro de carne na brasa e a comida tornam a experiência inesquecível. Adoro o galeto e a picanha à Boi na Brasa, que vem com salada de agrião e alho torrado. As porções são grandes e dá para dividir numa boa.

R. Marquês de Itu, 188, Vila Buarque, tel. (11) 3222-9479

. COSTELA E CIA. .

Uma leitora do meu blog deu uma descrição tão formidável deste lugar que resolvi fazer algo raro para mim: comer no Morumbi. Valeu a pena. O restaurante merece o carimbo de "ogro" com louvor. Trata-se de um rodízio de costela. Os garçons servem a costela na mesa e você pode se servir dos acompanhamentos (farofa, fritas e até tempurá) quantas vezes quiser. As saladas são ótimas (e orgânicas, dizem os donos).

Agora, o charme é a Tubaína – "feita em Sorocaba" – segundo o dono. Você mesmo se serve, numa máquina, quantas vezes quiser. Costela com tubaína é alegria garantida.

R. Dr. Luiz Migliano, 948, Morumbi, tel. (11) 3743-2602

. O BRAZEIRO .

Tradicional restaurante de grelhados da Vila Mariana. Ambiente bem simples, de botecão mesmo, com garçons veteranos e profissas.

A especialidade da casa é o galeto na brasa. Mas não é aquele galetinho carioca de 700 gramas não, é mais um frango mesmo, que quase chega a um quilo. Os bifes também são ótimos e os acompanhamentos (batata frita, farofa, polenta), muito bons.

R. Luís Góis, 843, Vila Mariana, tel. (11) 2275-7139

. COSTELA DE OURO .

Como começou a associação de comida a metais preciosos? Tenho fascínio por restaurantes com nomes terminados em "de Ouro", "de Prata", e quem sabe um dia ainda vou conhecer um "de Platina".

O Costela de Ouro é um desses restaurantes de bairro, simples e sem decoração, com mesas de madeira, garçons veteranos e uma comida honestíssima, servida em pratos que podem ser divididos por três pessoas.

Av. Piassanguaba, 2.603, Planalto Paulista, tel. (11) 2276-9085

. ESQUINA GRILL DO FUAD .

Botecão tradicional de Santa Cecília, com mesas de plástico, cerveja gelada e carnes muito boas e baratas. Gosto muito da Picanha à Saralho (sal com alho frito) e do Espetão Mistão, assim mesmo, com dois aumentativos.

O lugar tem bons PFs a preços baratos no almoço. A decoração se resume a fotos do dono ao lado de celebridades e políticos. Pelo menos o seu Fuad tem bom humor: criou a Picanha à la Ronaldo, "bem gorducha, com arroz carreteiro, mandioca e agrião".

R. Martim Francisco, 244, Santa Cecília, tel. (11) 3666-4493

. LOUSÃ .

Dentro de uma galeria no centro, fica a Lousã, tradicional galeteria de São Paulo. É um dos poucos lugares da cidade com balcão, tipo as galeterias do Rio de Janeiro. Os grelhados são muito bons, com destaque para o galetinho com salada de agrião.

R. Barão de Itapetininga, 163, loja 21, República, tel. (11) 3255-3183

. CHURRASCARIA MESTER .

Há mais de 50 anos encravada na Avenida São João, ao lado da Praça Julio de Mesquita, essa tradicional churrascaria paulistana resiste aos modismos e à destruição do bairro. Continua atraindo uma clientela fiel, que vai atrás de suas bistecas suculentas e dos ótimos acompanhamentos.

Com os quase vizinhos PASV e La Farina, a Mester forma uma espécie de "Triângulo das Bermudas" do centro de São Paulo, uma zona meio que parada no tempo, onde a "modernidade" não chegou e as coisas permanecem como há 40 anos. Ainda bem que existem lugares assim.

Av. São João, 1032, Centro, tel. (11) 3331-6647

. CHULETÃO .

Restaurantes com nome no aumentativo são um bom sinal. E o Chuletão cumpre o que promete, servindo uma chuleta de bisteca na brasa que dá para dividir em duas pessoas. Todas as carnes são muito boas – costelinha, lombo, picanha, galeto – e vêm em porções fartas. O detalhe bacana é o pão do couvert, assado na brasa e lambuzado de azeite. Coisa fina.

R. Gustavo Silveira, 732, Vila Santa Catarina, tel. (11) 5563-5061

. A GALETERIA .

Confesso: não sou grande fã de Moema. Raramente ponho os pés lá. Pode soar como preconceito, mas não consigo gostar da "sofisticação" de muitos restaurantes do bairro. O Galeteria destoa dessa padronização, com seu ambiente bem simples e familiar. O galeto – mais um frango mesmo, bem maior que os galetos cariocas – tem um tempero ótimo, e a polenta frita é um dos acompanhamentos mais pedidos. Típico restaurante simpático para o domingão.

Av. Cotovia, 357, Moema, tel. (11) 5542-1680

. A COSTELÂNDIA .

Restaurantão simples de bairro, fica lotado de famintos nos fins de semana atrás de sua costela no bafo desossada e de um inusitado pastel de costela – isso mesmo, pastel de costela. Também oferece alheiras portuguesas, coisa que nunca vi numa costelaria. Mas até que a combinação ficou legal.

R. Açucena, 540, Osasco, tel. (11) 3654-1309

. BAR DO SEU JOÃO .

Botecão simplérrimo de esquina, com mesas de plástico, fotos de times de futebol nas paredes e carnes grelhadas baratas e suculentas, feitas em churrasqueiras de tambor e temperadas com o molho secreto da casa. Não é o lugar mais romântico do mundo nem o restaurante ideal para celebrar o Dia das Mães, mas, se o seu negócio é carne boa e barata, pode ir sem medo.

R. Manacá, 373, Jardim das Flores, Osasco

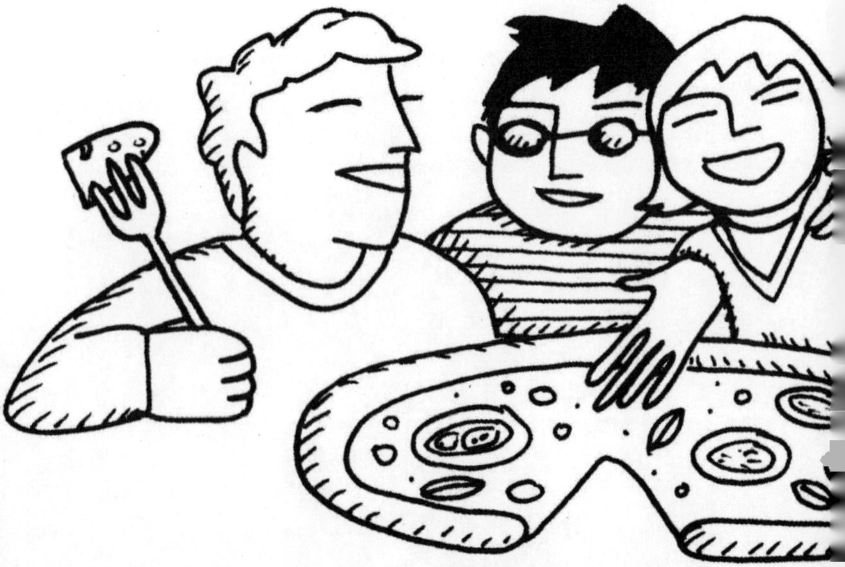

3. PIZZARIAS E ITALIANOS

Já se foi o tempo em que comer massa em São Paulo era barato. Hoje o que mais se vê na cidade são cantinas "engana-trouxa", cobrando 40 mangos por um prato de espaguete com molho de tomate industrializado.

Este foi o capítulo do guia mais difícil de fazer, justamente pelo alto preço cobrado pela maioria dos restaurantes paulistanos do gênero.
Tem lugar em que a pizza é mais cara do que combinado de sushi e sashimi.

No fim, consegui montar uma lista de botecões tradicionais, cantinas "old school" e pizzarias das antigas. Incluí, claro, ícones paulistanos como a Castelões e a Speranza, que não poderiam faltar.

. AMIGO GIANOTTI .

Botecão do Bixiga conhecido pela simpatia de seu atendimento, pela divertida bagunça de suas instalações (o prédio é de 1910) e por sua fogaça famosa e de recheios variados (minha preferida é a de calabresa). Os croquenottis (bolinhos de massa de mandioquinha temperada, recheados com provolone e parmesão) também são ótimos. A mesma família toca o lugar há mais de 40 anos.

R. Santo Antônio, 1.106, Bixiga, tel. (11) 3211-3256

. 1020 .

Pratos imensos, garçons septuagenários e um ambiente que parece estagnado desde a Segunda Guerra Mundial. Esta é a 1020, uma das cantinas mais divertidas da cidade. Já fui várias vezes, mas só consigo pedir o nhoque com brachola (o carro-chefe da casa é o agnolotti). De entrada, sugiro sardinha escabeche, língua ao vinagrete e mocotó. E, aos domingos, o miolo empanado, servido como antepasto, que a 1020 compra fresquinho no Mercadão. Dos deuses.

R. Barão de Jaguara, 1.012, Cambuci, tel. (11) 3208-9199

. CASTELÕES .

Uma das cantinas mais antigas da cidade, a Castelões está há quase 90 anos no mesmo endereço. Tudo lá parece ter parado no tempo – felizmente. As massas e molhos são feitos de modo artesanal e as pizzas não trazem nenhum ingrediente "da moda" – peça uma de milho-verde ou shitake para ver a reação de espanto do garçom. Não é o lugar mais barato da cidade, mas é um marco da gastronomia paulistana, e vale a visita.

R. Jairo Góis, 126, Brás, tel. (11) 3229-0542

. SPERANZA .

Outra pizzaria clássica que até já virou ponto turístico de São Paulo. Com a fama, os preços subiram, claro, mas a qualidade de suas pizzas e massas é inegável. Não dá para ir à Speranza sem pedir a marguerita, pizza mais famosa da casa há tantos anos, e o tortano, o sensacional pão de linguiça, ideal para comer de entrada, regado com um bom azeitinho. O restaurante original foi inaugurado em 1958, no Bixiga, e a filial está em Moema há mais de 30 anos.

R. 13 de Maio, 1.004, Bixiga, tel. (11) 3288-8502
Av. Sabiá, 786, Moema, tel. (11) 5051-1229

. G.D.R. PIQUERY .

Imagine que alguém te convida para ir a uma pizzaria que fica ao lado de duas canchas de bocha, num lugar chamado Grêmio Dramático e Recreativo Piquery. Parece brincadeira, certo?

Mas, acredite, esse lugar existe, e é um dos programas mais divertidos da cidade. De tarde, o pessoal joga bocha. De sexta a domingo, à noite, funciona a pizzaria, servindo pizzas fininhas e tradicionais. E as crianças usam as canchas de bocha como playground.

R. Pedro Colaço, 117, Piqueri, tel. (11) 3976-1237

. PIZZARIA TIO GINO .

Há meio século, esta pizzaria simples e simpática faz a alegria dos moradores do Ipiranga com pizzas finas e gostosas. Nada de grandes estripulias: os carros-chefes da casa são as tradicionais pizzas de mozarela e calabresa, que é defumada no próprio local.

R. Labatut, 615, Ipiranga, tel. (11) 2273-6799

. DI SALERNO .

Já fui muito a esta cantina simples e simpática de Pinheiros. Os pratos do dia são ótimos e baratos, com destaque para o picadinho à Di – com arroz, farofa, ovo e legumes – e as massas. Agora, boa mesmo é a perna de cabrito à Toscana, com brócolis ao alho e óleo e batatas coradas, que dá para três famintos.

R. Francisco Leitão, 336, Pinheiros, tel. (11) 3064-6757

. O GATO QUE RI .

Há mais de 60 anos no Largo do Arouche, esta cantina continua servindo ótimas massas e pizzas para um público fiel, embora os gatos que riem hoje no Arouche sejam bem diferentes. As massas são fabricadas lá mesmo – você pode até comprar massa pronta, por quilo –, e o lugar mantém aquele climão de centro velho, com garçons antigos e simpáticos. Um dos melhores pratos é o Brasato, uma carne assada e cozida longamente no vinho, servida com escarola.
Largo do Arouche, 37, República, tel. (11) 3331-0089

. CASA AURORA .

A Casa Aurora é uma padaria, mas merece um lugar nesta lista por oferecer uma das mais conhecidas pizzas em fatias do centro da cidade. Fundada há meio século, fica bem no miolo da chamada Cracolândia. Mesmo assim, atrai multidões de famintos que lotam os balcões para comer as pizzas que saem de seu forno a lenha, com destaque para a de quatro queijos e a marguerita.
R. Aurora, 580, Centro, tel. (11) 3222-7455

. PIZZARIA DO ANGELO .

Filas são frequentes nesta tradicional pizzaria da Mooca, que serve pizzas bem finas, mas de recheio farto. Prove a Maravilha, com palmito, calabresa, mozarela, alho, azeitona e cebola. Quem estiver com pressa pode pedir pizza em pedaço e comer no balcão, o que é bem divertido.

R. Sapucaia, 527, Alto da Mooca, tel. (11) 2692-5230

. CAPUANO .

Inaugurada em 1907, em outro endereço, é a cantina mais antiga de São Paulo em atividade ininterrupta. Felizmente, continua com aqueles ares de antigamente por conta da sua decoração muito simples, dos garçons veteranos e da comida gostosa e barata. O destaque do cardápio é a Trippa alla Parmegiana. Aos sábados à noite e aos domingos no almoço, tem música italiana ao vivo. Com sorte você pode pegar uma "canja" do nonagenário sr. Angelo, proprietário do lugar.

R. Cons. Carrão, 416, Bela Vista, tel. (11) 3288.1460

. TRATORIA DEL MICHELLE .

Fui muito lá na infância, depois das sessões no Cine Havaí. Hoje o cinema virou uma igreja, mas a cantina do Michelle ainda está lá, com as pinturas de familiares do dono, todos vestindo camisa do Palmeiras, decorando as paredes.

Não vá esperando um serviço de primeira ou um ambiente refinado. Tudo é lento, o atendimento é de tartaruga e a decoração do lugar já viu dias melhores. Mas a comida é excelente. O talharim ao pesto é um dos melhores que já comi, e a sardela é imbatível.

R. Turiassu, 792, Perdizes, tel. (11) 3862-1228

. GALPÃO DA PIZZA .

Um amigo, que praticamente mora nesta pizzaria simpática e barata, foi quem deu a dica. Hoje, sou freguês de lá e de todas as pizzas finas e sem grandes invencionices. Vale pedir, de entrada, o pão de linguiça de javali e as apetitosas lascas de massa crocante com azeite e alecrim.

R. Dr. Augusto de Miranda, 1.156, Pompeia, tel. (11) 3672-4767

. PADARIA 14 DE JULHO .

Difícil sair da tradicionalíssima padaria italiana 14 de Julho sem várias sacolas de comida. Tudo lá é bom: os pães italianos, o salame, a sardela... Mas o matador mesmo é o sanduíche de pernil desfiado, uma bestialidade deliciosa que vem num pão italiano crocante.

R. 14 de Julho, 92, Bela Vista, tel. (11) 3105-3215

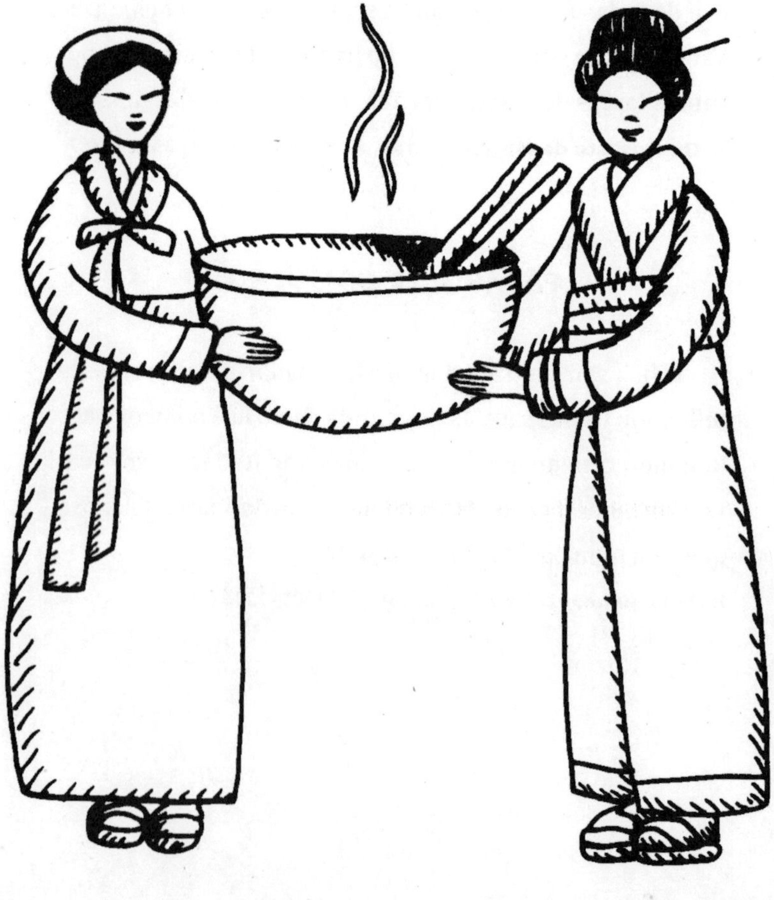

4.
JAPONESES E COREANOS

Já estou vendo as reclamações: "Pô, japoneses e coreanos na mesma lista?". Calma, xiitas, já explico: é que muitos restaurantes de São Paulo têm cardápios que misturam especialidades dos dois países. Muitos servem sushi e bibimbap, por exemplo. Por isso, a lista única.

Aqui não tem muito mistério: quem gosta de comida japonesa e coreana deve andar pela Liberdade e pelo Bom Retiro. Claro que há opções em outros locais da cidade, mas a maioria se concentra mesmo nesses dois bairros.

. KIDOAIRAKU .

Além de servir um dos mais elogiados teishokus da cidade e lamens de respeito, é um lugar bem pitoresco: parece que você está entrando na casa de uma família japonesa, com a tiazinha que sempre fica sentada numa cama vendo TV e uma estante repleta de mangás, que você pode pegar para ler enquanto espera no balcão. Os especiais do dia são anunciados em papéis colados na parede. Destaque para o teishoku de hambúrguer (pode soar estranho, mas, acredite, é sensacional) e a melhor berinjela no missô que já comi na vida. O nirá com ovo também faz minha alegria.

R. São Joaquim, 394, Liberdade, tel. (11) 3207-8569

. BUENO .

Ao lado do Aska, típica casa de lamen lá da Liberdade, tem uma porta preta, sempre fechada. Pode entrar sem medo. Lá fica o Bueno, um restaurante japonês especializado em comida de lutadores de sumô. Duvida? Então olha o tamanho do dono do lugar atrás do balcão. É Fernando Kuroda, um ex-lutador de sumô.

A especialidade do Bueno são os chankos (caldeiradas típicas de lutadores de sumô), mas sempre tem umas iguarias expostas no balcão. Vale a pena provar todas. Adoro o kimchi (acelga picante e condimentada) e o espinafre. Dos pratos principais, meus preferidos são a língua na chapa com gohan (arroz japonês) e o bibimbap, espécie de mexido coreano com arroz, ovo cru, carne e pimenta servido num prato de pedra. O buta no kakuni, barriga de porco cozida e levemente adocicada, é dos deuses.

O Bueno abriu uma filial na Alameda Santos, a um quarteirão da Avenida Paulista, que serve almoço executivo. Segundo os donos, o restaurante da Liberdade fecharia as portas no fim de 2012, e o balcão seria transferido para a Al. Santos, que passaria a abrir à noite. Por isso, antes de sair de casa é bom ligar para o Bueno da Liberdade.

R. Galvão Bueno, 458, Liberdade, tel. (11) 3203-2215
Al. Santos, 835, Cerqueira César, tel. (11) 2386-8035

. KINTARÔ .

Este é "o" botecão japonês da Liberdade. De manhã, serve coxinhas e bolovos (ovo com carne moída) para os trabalhadores famintos. À noite, seu pequeno balcão fica lotado de estudantes tomando cerveja gelada e provando os petiscos japoneses ali expostos.

Adoro a moelinha de frango, o nirá com ovo, a manjuba frita, os oniguiris e a dobradinha. Dizem que os chankos (caldeiradas típicas dos lutadores de sumô) também são ótimos, mas eu só consigo pedir as entradas.

R. Tomás Gonzaga, 57, Liberdade, tel. (11) 3277-9124

. KIMAHRI .

Chamá-lo de boteco é um exagero. É mais uma garagem com um balcãozinho na frente. É o Kimahri, o paraíso da fritura. Só abre até as 20 horas, vendendo aperitivos deliciosos e levantando o colesterol de todo o Bom Retiro com um desfile de lulas empanadas, guiozas fritos e várias delícias da comida de rua coreana. Não se acanhe com os cartazes em coreano, o negócio é apontar para as fotos coladas na parede e fazer seu pedido. Os mais aventureiros podem entrar no lugar, descer as escadas – passando por dentro da cozinha – e chegar a uma sala de jantar muito simples, onde os coreanos que trabalham no bairro se empanturram de pratos típicos do país.

R. Prates, 379, Bom Retiro, tel. (11) 3227-8613

. ROTISSERIE NIPON .

Bem longe da Liberdade, esta rotisserie é um paraíso para os glutões: você pode levar para casa frango de TV, costelinha de porco e a insuperável asinha de frango ao shoyu, além de salgadinhos, massas caseiras, doces e uma infinidade de delícias japonesas.

Mas o melhor mesmo é atravessar a rua, onde a Nipon montou um bar, e se esbaldar com todos os espetinhos, a costelinha e, principalmente, a asinha de frango no shoyu, um dos petiscos mais deliciosos e lambuzados que já comi. O molho é tão denso e tão pegajoso que quase pedi uma palha de aço para lavar a mão depois de terminar.

Av. do Café, 595/600, Vila Guarani, tel. (11) 5583-2163

. PORTAL DA COREIA .

Caso raro de restaurante coreano do qual você não sai cheirando a paio defumado, já que cada mesa tem um sistema de exaustão que parece funcionar. O churrasco coreano é ótimo, com muitas opções de carne (meu predileto é o de língua de boi), e bem barato. Os acompanhamentos – kimchi, espinafre, tofu – são repostos sem cara feia e os garçons são simpáticos.

Nunca provei os bibimbaps e as caldeiradas, mas sempre me pareceram bem apetitosos.

R. da Glória, 729, Liberdade, tel. (11) 3271-0924

. PORQUINHO DA RUA GUARANI .

O nome deste restaurante só os donos sabem. Mas achá-lo é fácil: é só procurar a parede verde com o porquinho pintado na Rua Guarani. É um restaurante coreano bem simples, frequentado quase exclusivamente pela comunidade. O churrasco coreano é excelente, mas a grande pedida é a rabada com molho picante. Não se desespere se a porta estiver trancada, é só bater que eles abrem.

R. Guarani, 482, Bom Retiro

. YAKITORI .

O forte daqui são as robatas (espetinhos japoneses). Tem desde as mais comuns, de frango e bacon, até outras menos manjadas, como a incrível mistura de tomate cereja e bacon. Gosto muito das robatas de aspargos com bacon e das de alho. Deliciosas também são a berinjela com molho de shoyu e a língua grelhada. Para acompanhar, um bom kimchi (acelga picante coreana).

Av. dos Carinás, 93, Moema, tel. (11) 5044-7809

. SEOK JOUNG .

Gosto muito deste coreano, localizado no meio do Bom Retiro. O churrasco é muito bem temperado e os acompanhamentos são ótimos, com destaque para os minúsculos peixinhos apimentados, que se devora como se não houvesse amanhã.

R. Correia de Melo, 135, Bom Retiro, tel. (11) 3338-0737

. GARAGEM DO COREANO .

Na verdade, o lugar não tem nome, só apelido. Trata-se de uma barraca de feira coreana que surge toda noite em frente a uma garagem da Avenida Aclimação e atrai uma clientela fanática de orientais. A higiene é precária (o "banheiro" é um muro), mas a comida é ótima. Serve espetinhos de costela de porco, lulas ao molho apimentado e o tockboki, um macarrão de arroz. Ótima opção para a madruga.

Av. Aclimação, 764, Aclimação

. DEIGO .

É fácil passar em frente ao Deigo e não o perceber. Duas dicas: o lugar tem uma lanterna vermelha na frente e sempre tem alguns coroas japoneses cambaleando de bêbados na porta. A comida é típica da região de Okinawa, ou seja: tem porco à beça. Experimente o goya champuru (joelho de porco cozido), que peço sempre com gohan, o arroz japonês. A costelinha de porco com missô e o sobá à moda de Okinawa também são muito pedidos. As garçonetes são um show de antipatia e o lugar não aceita cartões. Mesmo assim, recomendo.

Pça. Almeida Junior, 25, Liberdade, tel. (11) 3207-0317

. NEW SHIN LA KWAN .

O diferencial deste restaurante coreano é a grelha do churrasco, que é de carvão e não a gás, como na maioria dos lugares. Isso faz toda a diferença. As carnes são excelentes – o pato é muito bom – e os acompanhamentos, idem.

R. Prates, 343, Bom Retiro, tel. (11) 3315-9021

. PORQUE SIM .

Divertido demais. É um misto de casa de karaokê e restaurante de lamen, onde você pode soltar a voz em baladas sertanejas ou rocks enquanto saboreia bons teishokus. O restaurante fica no térreo e os boxes do karaokê, no andar de cima. Não saia sem provar o karê (curry japonês).

R. Tomás Gonzaga, 75, Liberdade, tel. (11) 3277-1557

. KAIZEN .

Na feira da Liberdade, que acontece aos domingos, dá para comer em diversas barracas os chamados takoyakis, famosos bolinhos de polvo. Mas o melhor que já provei no bairro foi na Kaizen, que fica na Rua Galvão Bueno. Nesse restaurante, os bolinhos são feitos numa chapa com cavidades, e o chapeiro usa uns palitos de metal para girá-los e impedir que colem na chapa. Só tome cuidado porque o recheio dos takoyakis é quente pacas.

R. Galvão Bueno, 276, Liberdade

. ASKA .

Restaurante concorrido e especializado em duas coisas: em um delicioso lamen e em apressar os clientes para vagar as mesas. Se você for à noite, recomendo chegar cedo, de preferência assim que abrir, às 18 horas, para não pegar as grandes filas que se formam. O lamen é realmente ótimo, e ideal para as noites mais frias. Mas a obsessão em apressar os clientes irrita um pouco.

R. Galvão Bueno, 466, Liberdade, tel. (11) 3277-9682

. YAKITORI MIZUSAKA .

Excelente opção para quem quiser comer na região da Paulista sem gastar muito. Os teishokus executivos do almoço lavam a alma daqueles que não aguentam mais a comida por quilo que impera na região.

Av. Brigadeiro Luís Antônio, 2.367, Loja 15, Jardim Paulista, tel. (11) 3284-4776

. SASHIMI BAR .

Lugar simples, tocado há 30 anos na Vila Carrão por uma família da comunidade japonesa de Okinawa. Serve espetinhos e tempurá, além de onigiris e sashimis ótimos e baratos. Só abre a partir do fim da tarde.

R. Eng. Pegado, 866, Vila Carrão, tel. (11) 2293-3480

. SASHIMI DO MAR .

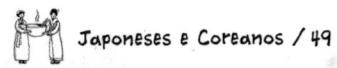

Só pelo nome já valeria dar uma conferida. E ainda por cima este é um dos lugares mais gostosos e baratos de comida coreana no Bom Retiro. O churrasco é muito bom e o bibimbap, idem. Não deixe de pedir o he dop bap, com peixe cru em cima de arroz e verduras, que é demais.

R. Prates, 553, Bom Retiro, tel. (11) 3329 9825

. ALDEIA DA PEDRA .

Olhando por fora, ninguém diz que é um restaurante coreano. E o nome também não ajuda. Mas a tal "pedra" que dá nome ao lugar, na verdade, é uma pedrona aquecida onde são colocadas as carnes do churrasco coreano. Muito bom e barato. E o pedregulho dá um charme especial.

R. Guarani, 374, Bom Retiro, tel. (11) 3337-5066

. OKUYAMA .

Serve comida típica de Okinawa (joelho de porco, sobá Okinawa). Também tem teishokus e oferece rodízio de sushi. É uma opção bem barata para jantar tarde da noite, até porque fica aberto até as 3 da manhã.

R. da Glória, 553, Liberdade, tel. (11) 3341-0780

. BI COL .

Tradicional restaurante da comunidade coreana da Aclimação, tem ambiente simples e fica numa agradável praça do bairro. Serve um bulgogui (churrasco coreano) muito bem-feito e com acompanhamentos variados. Os preços são mais altos que os do Bom Retiro, mas nada que assuste.

Pça. General Polidoro, 111, Aclimação, tel. (11) 3207-9893

. LUA PALACE .

Um dos mais tradicionais coreanos de São Paulo, é especializado em churrasco (mas no churrasco coreano, claro). Gostei muito em todas as vezes que fui (e frequento o lugar há oito anos). Não é o lugar mais barato da cidade, mas vale a visita.

Av. Armando Ferrentini, 182, Aclimação, tel. (11) 3277-7823

. NANDEMOYÁ .

Raramente vou recomendar um restaurante por quilo, mas o Nandemoyá vale a visita, até porque é caso raro de quilo japonês. Na verdade é um quilo sino-nipo-brasileiro, que atrai um público sempre faminto e sempre duro a um salão gigante que parece um misto de hospital com bandejão de faculdade.

R. Américo de Campos, 9, Liberdade, tel. (11) 3208-8604

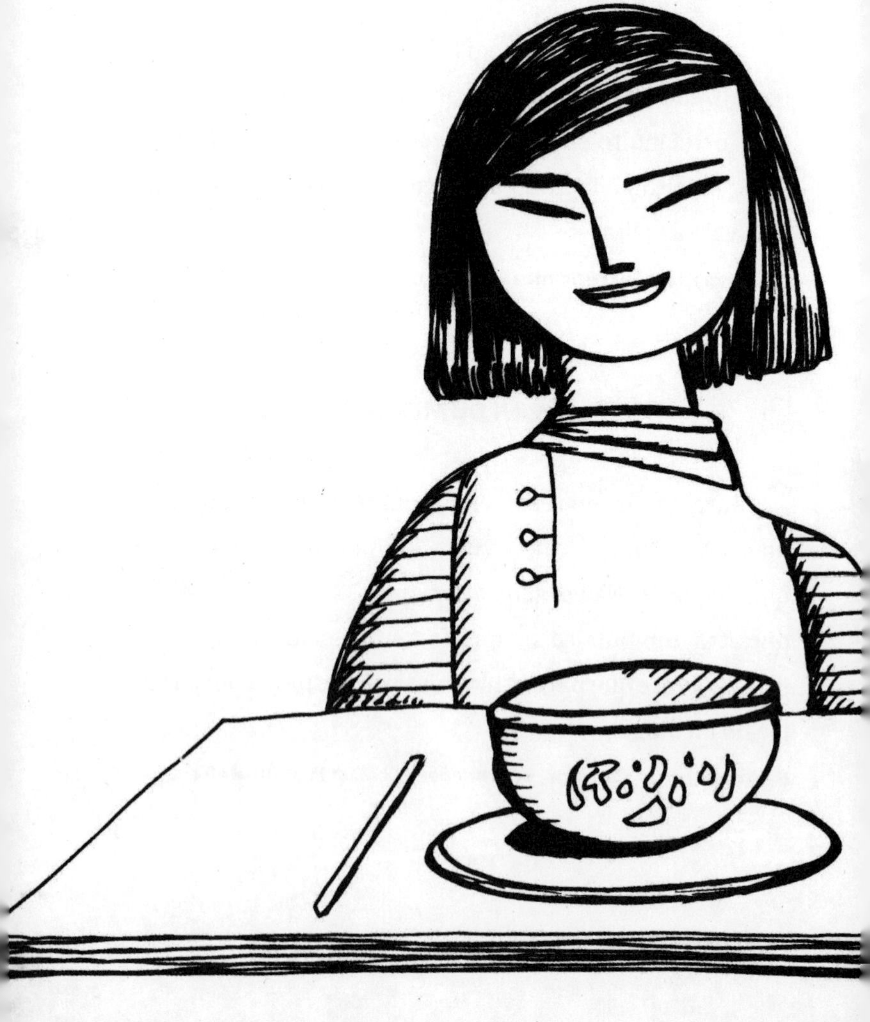

5.
CHINESES

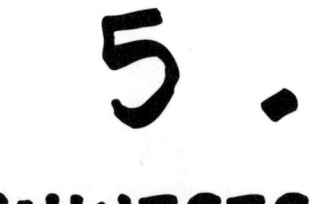

Existem bons restaurantes chineses fora da Liberdade? Claro que sim, está aí o Ton Hoi para não me deixar mentir. Mas a maioria dos meus selecionados fica mesmo entre a Liberdade e o Cambuci. É a maior concentração de bons lugares para comer delícias chinesas na cidade, com vários restaurantes pequenos e difíceis de achar em meio às multidões que tomam as ruas da Liberdade. Bom proveito!

. CHI FU .

O Chi Fu é a prova viva de que um restaurante pode sobreviver – aliás, triunfar – tratando o cliente como lixo. Antes considerado um defeito do local, a grosseria e falta de educação das garçonetes já virou uma de suas marcas registradas. Se você não fala mandarim e não nasceu nos cafundós da China, prepare-se para ser colocado numa mesa ao lado do banheiro masculino e levar broncas do tipo: "O quê? Você vai pedir ISSO?!".

Os dois trunfos do Chi Fu, no entanto, são poderosos: sua comida e seu cardápio. A comida é fantástica e variada. Os mais conservadores podem pedir gigantescas porções de chop suey, lombo agridoce, frango xadrez ou yakisoba. Aos clientes mais heterodoxos, recomendo aventurar-se pelos inacreditáveis pratos de tripa de porco, rã com nirá, porco com bambu (feito com pedaços de bambu mesmo, não com o broto) e barriga de peixe com jiló.

Mas o que realmente faz minha cabeça é o cardápio, escrito num idioma próprio e curiosíssimo. Que tal "baba tana com barrica de pexie", "jiró com nabu verde" ou "macalão com camarrão"? Sugestão: vá em turma e peça vários pratos.

Pça. Carlos Gomes, 168, Liberdade, tel. (11) 3104-2750

. TON HOI .

Se eu pudesse, moraria dentro do Ton Hoi. É meu restaurante chinês predileto fora da Liberdade. Limpíssimo, barato e delicioso. Para falar a verdade, os únicos defeitos que consigo achar lá são as filas e o fato de fechar cedo, às 22 horas.

Só de pensar no san yue (robalo cru fatiado, servido com raiz-forte) ou nas ostras com molho de gengibre, começo a salivar (na verdade, estou salivando neste exato instante). O Ton Hoi faz os pratos mais batidos da culinária chinesa – yakisoba, frango xadrez – tão bem que nem parece que você já comeu aquilo mil vezes.

Av. Prof. Francisco Morato, 1.484, Jardim Guedala, (11) 3721-3268

. JARDIM MEIO HECTARE .

Espremido entre o Kintarô e o Porque Sim, no meu quarteirão preferido da Liberdade, fica este restaurante de nome bizarro (quando perguntei ao garçom o que queria dizer, ele respondeu: "É um jardim com metade de um hectare!"). O lugar não é um primor de limpeza e tem lá seus sacos de legumes empilhados no caminho do banheiro, mas a comida é fantástica, e o cardápio traz vários pratos "diferentes". O siri com alho é sensacional, assim como a rã frita e o macarrão branco. Aos mais ousados, recomendo o intestino de porco frito.

R. Tomás Gonzaga, 65, Liberdade, tel. (11) 3207-3133

. REI DOS REIS .

Colado ao Chi Fu, já foi meu preferido na Liberdade, mas caiu no meu conceito depois que a garçonete, para nos expulsar da mesa, disse que a melancia de sobremesa havia acabado e depois apareceu com um enorme prato da fruta para a mesa ao lado, ocupada por seus conterrâneos.

Mas, se você superar a antipatia das atendentes, vai vibrar com a comida, em especial com a lula frita (a melhor que já comi) e com o mexilhão ao molho de ostra.

Só tome cuidado com uma coisa: nunca, em hipótese alguma, peça nada sem mostrar no cardápio. Uma vez pedi camarão com nirá e a garçonete trouxe carne com brócolis.

Pça. Carlos Gomes, 178, Liberdade, tel. (11) 3115-4676

. ESMERALDA .

Chinês muito tradicional de Perdizes, com pratos grandes, bons e baratos. Fui muito lá – morava a três quadras – e nunca consegui descobrir o segredo da rapidez do atendimento. Ou os cozinheiros são velocistas ou conseguem ler sua mente e adivinhar o que você vai pedir. É impressionante. Gosto muito da lula frita, do frango com missô e do velho e bom frango xadrez com amendoim.

R. Dr. Cândido Espinheira, 662, Perdizes, tel. (11) 3862-7798

. LUCKY .

Localizado em um dos quarteirões mais feios do planeta Terra, serve comida chinesa deliciosa, gordurenta e baratíssima. Se você não se importa com luxos como apresentação dos pratos, limpeza e polidez dos atendentes, este lugar é pra você. Yakisobas e pratos monstros que dão para uma gangue inteira.

R. Cons. Furtado, 489, Liberdade, tel. (11) 2338-7088

. SHABU-SHABU .

Shabu-shabu é uma espécie de cozido em que carnes e vegetais são mergulhados em um prato fundo de caldo de carne e servidos com molho ponzu (um molho cítrico, muito utilizado na culinária oriental). Este restaurante, que abriu onde ficava o saudoso Jambo, só serve shabu-shabu, para a alegria de famílias chinesas e japonesas, que lotam o lugar.

Não espere grandes luxos: o lugar parece um restaurante por quilo, com toalhas de plástico nas mesas e decoração inexistente. As carnes e vegetais ficam expostos em bandejas de inox, semelhantes às de um bandejão de faculdade. Mas o shabu-shabu é delicioso e um conforto em noites mais frias.

R. Cons. Furtado, 1.095, Liberdade, tel. (11) 3207-9485

. DINASTIA RITZ .

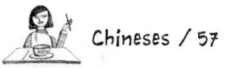

Restaurante pequeno e agradável, especializado na comida picante da província de Sichuan. Experimente a costelinha agridoce com gergelim, a carne com molho apimentado da casa, o peixe ao molho de pimenta e o mapotofu, um tofu apimentado. Não é o lugar mais barato da Liberdade, mas tem um cardápio diferenciado com pratos que só se acham ali. E, se você gosta de comida apimentada, este é o seu lugar.

R. Galvão Bueno, 580, Liberdade, tel. (11) 3271-7249

. RONG HE .

O destaque deste lugar é um grande vidro que dá para a cozinha, através do qual é possível ver o cozinheiro preparando, ao vivo, o macarrão chinês. É divertido ver o sujeito rodando e esticando a massa, parece um daqueles malabaristas de farol. Mas isso não valeria nada se o macarrão não prestasse, o que não é o caso. As massas são ótimas e os macarrões ensopados são excelentes pedidas, especialmente em noites frias.

R. da Glória, 622, Liberdade, tel. (11) 3207-1206

. HUANG .

De dia, serve comida por quilo, mas às noites e aos fins de semana oferece comida chinesa boa e barata, à la carte. A clientela é quase toda de orientais, o que é um ótimo sinal, e as garçonetes mal falam português, o que também recomenda o lugar. Não deixe de pedir o frango com laranja e a costela agridoce.

Av. Cons. Rodrigues Alves, 382, Vila Mariana, tel. (11) 5539-1501

HI PIN SHAN

Já fui muito a este restaurante tradicional de Perdizes, um dos poucos chineses da região. O cardápio não tem nada de muito extravagante (com exceção talvez do "ovo negro" de entrada), mas os pratos típicos – chop suey, lula com missô, frango xadrez – são muito bem-feitos.

R. Padre Chico, 190, Perdizes, tel. (11) 3675-2270
R. Dr. Ivo Define Frasca, 95/99, Vila Olímpia, tel. (11) 3845-7167

TAIZAN

Restaurante amplo e muito limpo, serve ótima comida chinesa há mais de 40 anos. Não espere pratos muito diferentes do habitual, mas os clássicos – yakisoba, lombo de porco agridoce, carne ao molho de ostra – são muito bons. Uma boa opção para quem não quer encarar os chineses mais "raça" da Liberdade.

R. Galvão Bueno, 544, Liberdade, tel. (11) 3277-8550

CHINA MASSAS CASEIRAS

Restaurante simples e muito tradicional de Pinheiros, que há anos mata a vontade dos moradores do bairro por um bom yakisoba. Não vá em busca de comidas muito exóticas. O negócio do China são os pratos mais comuns – guiozas, frango xadrez, macarrão – mas bem-feitos e em porções de respeito. O guioza frito é muito bom.

R. Mourato Coelho, 140, Pinheiros, tel. (11) 3085-7111

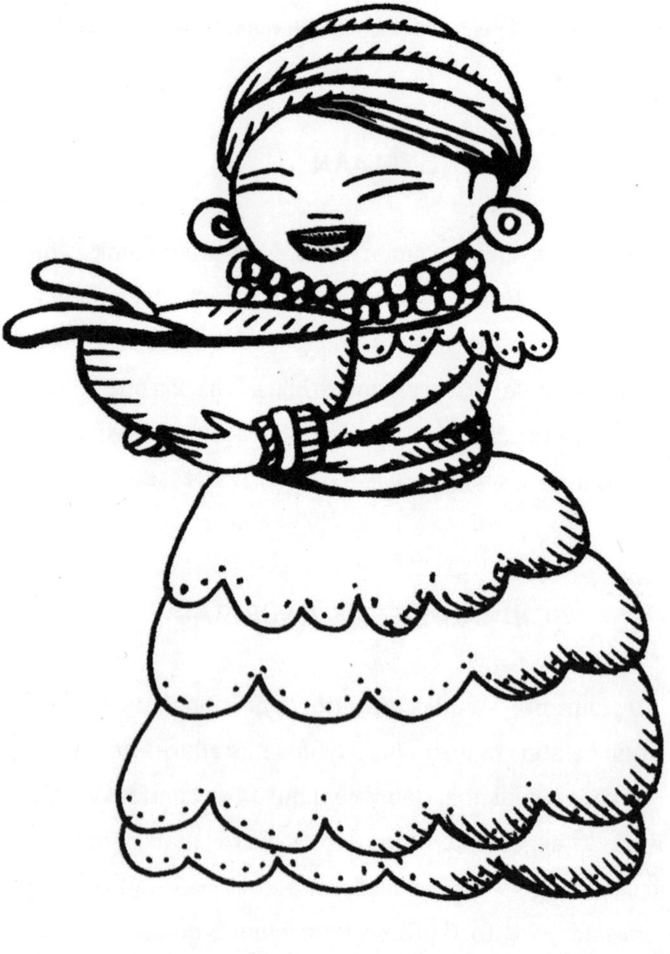

6. NORDESTINOS

São Paulo deve muito ao povo nordestino, isso todo mundo sabe. Felizmente, a herança culinária do Nordeste sobrevive na cidade, com incontáveis restaurantes e bares dedicados às delícias do sertão e do litoral nordestinos. Das buchadas aos acarajés, dos atolados aos caldos de mocotó, a cidade tem várias opções boas e baratas para você se empanturrar. Aqui vão algumas delas...

. GALINHADA DO BAHIA .

Encravado nos fundos de uma vila ao lado do estádio da Portuguesa, no Canindé, fica o mítico mata-fome, tocado há 25 anos pelo simpaticíssimo Raimundo Nonato, ou melhor, o "seu Bahia".

O "Bahia", como é conhecido, fica no topo da minha lista porque é o único restaurante de onde vi um cliente sair, literalmente, carregado. E foi uma celebridade: Dan Peters, baterista do Mudhoney, nocauteado por uma combinação explosiva de buchada de bode, carne-seca com mandioca, baião de dois e incontáveis "coquinhos", uma cachaça criminosa curtida por 15 dias dentro de um coco gelado.

Para dar uma ideia da fartura do Bahia, basta dizer que a pimenta é servida num pote de cinco litros e o bule de café tem meio metro de altura. Juro.

A especialidade da casa é a galinhada – à cabidela ou ao molho pardo –, mas a carne de sol com macaxeira também é de outro mundo. Os pratos vêm acompanhados de deliciosas porções de vegetais (quiabo, maxixe, inhame, abóbora) ou podem vir com baião de dois, miúdos (pé de galinha, moela, fígado), pirão (tão grosso que serve para fazer reboco de parede) e, para os mais aventureiros, há uma buchada do tamanho de um travesseiro de bebê.

Enfim, uma tarde no Galinhada do Bahia é uma experiência inesquecível. Mais inesquecível ainda é sair de lá e pegar um joguinho da Lusa na sequência, para fazer a digestão. Só não recomendo marcar nenhum compromisso pelas 24 horas seguintes.

R. Azurita, 46, Canindé, tel. (11) 3315-8614

. BIU .

Filas grandes se formam nos fins de semana para provar o famoso baião de dois do Biu. Já comi muito a galinha caipira ao molho pardo e o inesquecível Mulatinha Assanhada (carne de panela com farofa de feijão-de-corda). O Biu serve feijoada todo dia, cerveja geladíssima e sucos muito bons, incluindo o "surpresa", que você não paga se adivinhar os ingredientes. Vale muito a visita.

R. Cardeal Arcoverde, 776, Pinheiros, tel. (11) 3081-6739

. MOCOTÓ .

Já fui quatro vezes ao Mocotó, mas só aproveitei duas visitas. Nas outras duas, desisti depois de ver a fila na porta. O lugar ficou tão bombado que é recomendável chegar em horários alternativos. Quando consegui almoçar lá, adorei a mocofava (mocotó com favas), ideal para abrir o apetite, o atolado de bode (cabrito guisado à moda sertaneja) e o escondidinho de queijo de cabra. As sobremesas também são ótimas, como a musse de chocolate com cachaça e o clássico pernambucano, Cartola de Engenho, com banana e queijo.

Para os cachaceiros, há ainda uma lista gigante de marcas de todo o país.

Av. Nossa Senhora do Loreto, 1.100, Vila Medeiros, tel. (11) 2951-3056

. BECO DO MOCOTÓ .

Surgiu há mais de 30 anos dentro de uma garagem (daí o nome "Beco"), de onde saíam fumegantes caldos de mocotó. Atualmente já deixou o beco para trás, mas manteve o nome, que confere ao lugar uma instigante aura de mistério.

Além de pratos tradicionais (baião de dois, buchada, cabrito atolado), serve ótimas moquecas de peixe (prove a Itacaré, com pintado e banana-da-terra) e uma inesquecível codorna frita.

R. Cembira, 1.325, S. Miguel Paulista, tel. (11) 2035-3032

. ROTA DO ACARAJÉ .

Bem conhecido na região de Santa Cecília, serve comida baiana, com uns acarajés sequinhos e um sarapatel pegajoso que mais parece um Vedacit (e isso é um elogio!). O bobó de camarão é sensacional também. Mas o que me emociona mesmo são as sobremesas: já fui até lá só para matar um pudim de tapioca.

R. Martim Francisco, 529, Santa Cecília, tel. (11) 3668-6222

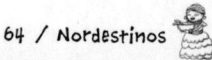

. RANCHO NORDESTINO .

Botecão simples do Bixiga, bairro que, além das cantinas, sempre ofereceu ótimas opções nordestinas. O lugar traz comida muito boa e barata. Serve os pratos típicos – baião de dois, sarapatel, paçoca de carne de sol e uma ótima feijoada. Mas não deixe de experimentar os caldos, especialmente os de sururu, de piranha e de feijão com jabá e cheiro-verde.

R. Manuel Dutra, 498, Bela Vista, tel. (11) 3106-7257

. DO SERTÃO .

Deu fome de madrugada? Uma ótima opção é este restaurante simples e limpo, com ótimas opções de iguarias nordestinas. O diferencial são os pratos de peixe, como a crocante corvina frita e a isca de panga com baião de dois e purê de mandioca. A carne de sol acebolada com mandioca frita também é de babar. Fica aberto até as 4 da manhã.

R. Santo Antônio, 1.184, Bela Vista, tel. (11) 3107-0884

. BAR DOS CORNOS .

Além do fetiche por chifres de todos os tipos, cores e tamanhos, este tradicional bar e restaurante no Jaguaré, decorado com divertido mau gosto, serve porções grandes e baratas de comida nordestina, incluindo alguns itens difíceis de achar por aí, como croquetes de jabá e alheiras aceboladas. A casa oferece também dezenas de cachaças artesanais.

Av. General Mac Arthur, 865, Jaguaré, tel. (11) 3766-2969

. BÁ .

Não é propriamente um restaurante, mas a casa de uma baiana simpática, a Bá, no meio do Bixiga. Bá prepara almoços por meio de reservas, para pequenos grupos (e só divulga o endereço depois de feita a reserva). A comida é excelente, com miniacarajés sequinhos, um bobó de camarão cremoso e excelentes sobremesas. Não é o lugar mais barato do mundo, mas a experiência é divertida. Só não recomendo para os claustrofóbicos, já que o rango é servido numa sala com o teto muito baixo.

Tel. (11) 3115-0513

. SEU GABIN .

Restaurante e mercadinho nordestino que vende favas, pimentas e outros produtos, além de servir uma comida de primeira e muito barata. Não deixe de provar o caldo de mocotó e a galinhada.

R. Aimberê, 1.146, Perdizes

. CASA DO NORTE – SERRA E SERTÃO .

Misto de restaurante e minimercado nordestino, vende produtos típicos como rapaduras, manteiga de garrafa, cachaças e temperos nordestinos.

R. Trajano, 153, Lapa, tel. (11) 3675-3028

. CASA DO NORTE – CANTINHO DO MARTINHO .

Botecão simples de esquina, serve ótima comida nordestina há 15 anos e já virou tradição no Butantã. Os pratos são gigantescos, por isso é bom não exagerar nos pedidos. O carro-chefe da casa é o Arrumadinho, com carne-seca desfiada, arroz, feijão-verde, farofa e vinagrete. Tem grande variedade de cachaças artesanais.

Av. Corifeu de Azevedo Marques, 1.338, Butantã, tel. (11) 3722-1585

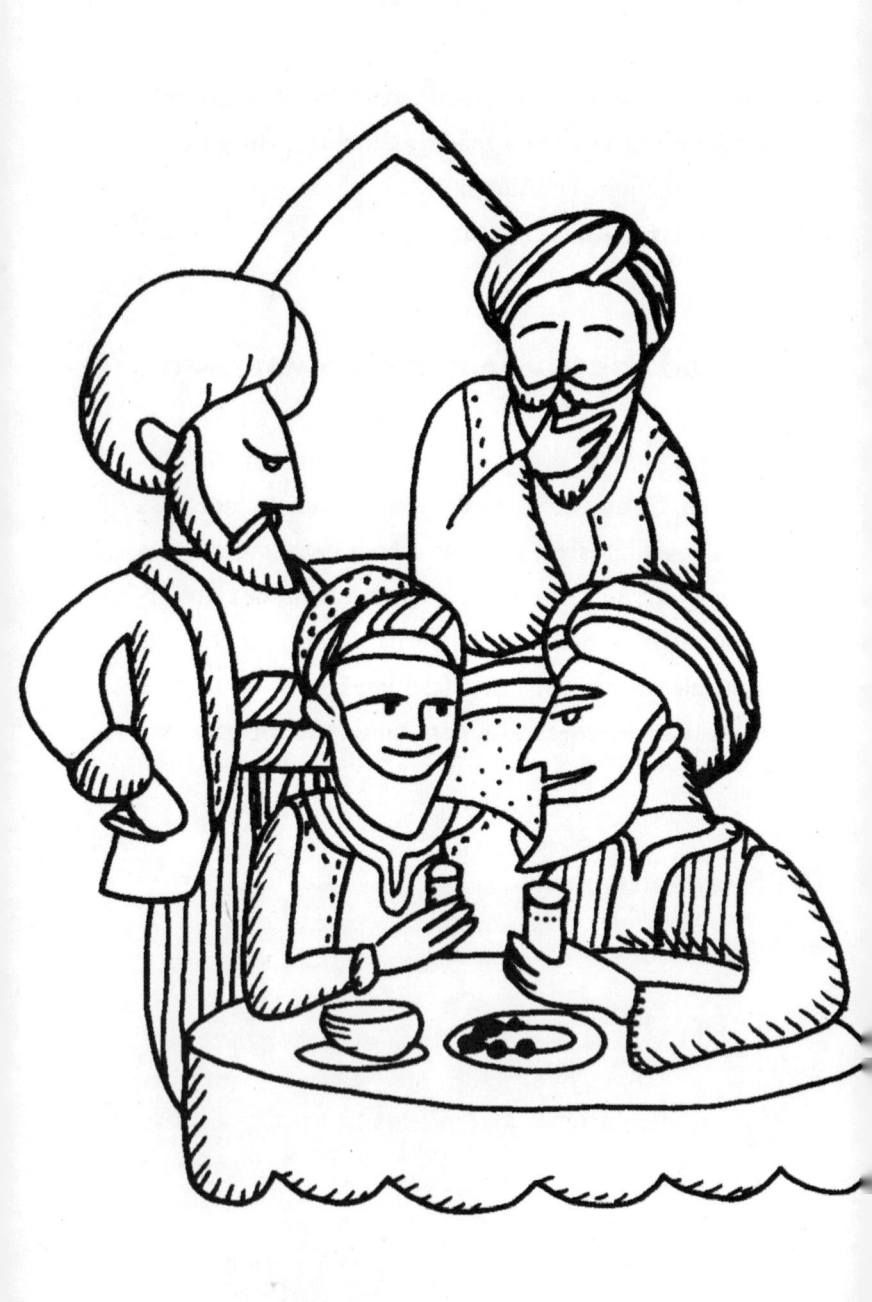

7. ÁRABES E SIMILARES

São Paulo tem vivido um boom de "kebaberias" chiques, que mais parecem lojas do shopping Iguatemi. Enquanto isso, dezenas de pequenos restaurantes, botecos e barracas vendem comida árabe muito boa e barata. Aqui vão boas opções, desde restaurantes septuagenários a pequenos balcões de esfihas.

. CASA GARABED .

Eu moraria tranquilamente no salão da Casa Garabed. Montaria uma barraca lá e passaria o final dos tempos comendo aquela esfiha de queijo e fatias de basturmá, a carne curada armênia, com azeite e um pão sírio quentinho. Seria o fim do mundo que eu pedi aos céus.

A Casa Garabed é um restaurante armênio em Santana. Já foi mais barato. A propaganda, de fato, encareceu os pratos, mas a comida continua fora de série. O forno a lenha – dizem que é o mesmo desde os anos 1940 – dá um sabor especial às esfihas. O arroz armênio com snobar (sementes de um tipo de pinheiro) também é de outro mundo, assim como os ovos mexidos com basturmá.

R. José Margarido, 216, Santana, tel. (11) 2976-2750

. TENDA DO NILO .

Duas irmãs tocam este pequeno restaurante árabe. Pequeno só no tamanho, porque a comida é gigante. Tem um prato, o Trigo com Costela, que já virou uma obsessão para mim. As esfihas são leves e saborosas; o kibe, sequinho. Em hipótese alguma deixe de provar o fatte, uma combinação inacreditável de músculo fatiado, grão-de-bico, alho frito e castanhas, coberta por coalhada e pão torrado.

R. Coronel Oscar Porto, 638, Paraíso, tel. (11) 3885-0460

. ABU-ZUZ .

Existem pratos que mexem com nossos sentidos a ponto de nos fazer cometer atos impensados. O shawarma de miolo do Abu-Zuz, por exemplo. Esse sanduíche árabe, feito com miolo, já me fez sair de casa num sábado escaldante e correr até o Brás. Aliás, como é difícil achar miolo em São Paulo, não? As feiras livres da cidade parecem uns empórios, de tão chiques, e praticamente pararam de vender miolo. Voltando ao Abu-Zuz: é um lugar simples e limpo, que serve comida libanesa de primeira, incluindo a tradicional feijoada de carneiro e o mulukieh, um ensopado de verdura com arroz, frango e músculo. Imperdível.

R. Miller, 622, Brás, tel. (11) 3315-9694

. ESFIHAS EFFENDI .

Difícil achar uma esfiha melhor – e mais barata – que a do Effendi. O lugar está há 40 anos no Bom Retiro, próximo ao Parque da Luz. A decoração e o ambiente parecem não ter mudado nessas quatro décadas. Melhor assim. As esfihas são fantásticas, leves e crocantes. A de queijo com basturmá (carne curada armênia) é campeã. O cardápio inclui outra maravilha: os ovos mexidos com esse mesmo basturmá.

R. Dom Antônio Melo, 77, Bom Retiro, tel. (11) 3228-0295

. HABIB ALI .

Botecão libanês fantástico que faz a alegria da rapaziada trabalhadora da região da Santa Efigênia. Shawarmas de primeira, sanduíches de falafel deliciosos e esfihas abertas do tamanho dos antigos LPs. Tudo feito no maior capricho, com temperos típicos e preços muito em conta. Um dos grandes achados do centro.

Av. Rio Branco, 443, Campos Elíseos, tel. (11) 3224-8868

. CARLINHOS .

Restaurante simples e simpático, ocupa uma esquina no Pari e serve, além de ótimas carnes, comida armênia de primeira.

Tocado há quase 40 anos pela mesma família, é conhecido pelo arais, um sanduíche de pão sírio e recheio de kafta, e por um prato gigante, o carneiro recheado. É um carneiro inteiro, com recheio de arroz e amêndoas na manteiga, acompanhado por brócolis ao alho e óleo e batatas coradas. Feito só por encomenda, serve 15 pessoas. Um banquete ogro de primeira.

Não deixe de provar também o basturmá (carne-seca armênia) com ovos estrelados, que você come com pão sírio. Uma delícia.

R. Rio Bonito, 1.641, Pari, tel. (11) 3315-9474

. JACOB GRILL .

No final de 2011, o Jacob original, que ficava na Rua Florêncio de Abreu, fechou as portas, para desespero de seus muitos fãs. Mas a família manteve o Jacob Grill que, mesmo sem o charme do original, que tinha aquela escadinha estreita que dava num grande salão, continua servindo ótima comida árabe na região da Rua 25 de Março.

O lugar serve comida por quilo ou à la carte. Como sou inimigo de comida por quilo, sempre escolho as opções à la carte, como as ótimas kaftas e falafels. Mas sou fã mesmo é da tripa recheada.

R. Comendador Abdo Schahin, 144, Centro, tel. (11) 3227-5536
R. Rafael de Barros, 91, Paraíso, tel. (11) 3057-3137

. FALAFEL MALKA .

Não se intimide pela feiura da galeria na Rua José Paulino, cheia de lojinhas de badulaques. Suba a escada rolante sem olhar muito pros lados e chegue ao Malka, onde multidões se acotovelam todo dia para comer o delicioso sanduíche de falafel. No sanduba do Malka vai fava, grão-de-bico e conserva de pepino e berinjela. Tudo isso montado num pão sírio quentinho e crocante.

R. José Paulino, 345, loja 21ª, Bom Retiro, tel. (11) 3222-2157

. DAMASCO ANTIGO .

Pequena loja de produtos e comidas árabes, serve um falafel muito bom e tem clientes fiéis, que fumam narguilé, tomam café árabe e compram coalhada e temperos para viagem. O sanduíche de falafel é barato e muito grande.
R. Conselheiro Saraiva, 108, Santana, tel. (11) 3798-1136

. RAFUL .

Há mais de 40 anos na região da Rua 25 de Março (e com uma filial na Bela Vista), o Raful é um lugar amplo e agradável, que fica lotado no almoço, horário em que serve rodízio árabe. Ótimas esfihas – prove a de chancliche, o queijo árabe picante – e bons pratos típicos. Serve também em sistema de rodízio.
R. Comendador Abdo Schahin, 118, Centro, tel. (11) 3229-8406
Av. Brigadeiro Luís Antônio, 2.159, Bela Vista, tel. (11) 3171-2955/ 3229-8406

. MONTE LÍBANO .

Restaurante pequeno e simples, tocado pela família Maatouk há 40 anos, serve ótimos pratos típicos libaneses. A melhor opção é o rodízio, em que dá para provar todas as iguarias, do ótimo kibe cru, passando pela linguiça síria e pelo kibe michui na brasa.

O charme do local fica por conta do cardápio escrito em lousas pregadas na parede.

R. Cavalheiro Basílio Jafet, 38, 1º andar, Centro, tel. (11) 3229-4413

. ESFIHA JUVENTUS .

Poucas coisas são tão tipicamente paulistanas quanto ver um jogo do Juventus na Rua Javari e parar no caminho para comer na Esfiha Juventus. Há 55 anos no mesmo endereço, o restaurante deu uma reformada nas instalações há pouco tempo, e oferece algumas opções pouco tradicionais de esfiha (precisava de esfiha de doce de leite com queijo?), mas ainda vale a pena provar a excelente esfiha de queijo.

R. Visconde de Laguna, 152, Mooca, tel. (11) 2012-5919

. HALIM .

Árabe muito bom, serve esfihas e kibes no balcão e tem um menu-degustação responsa no almoço, com kibe cru, homus, salada, charutinho de repolho e arroz marroquino. Outra boa pedida para os mais durangos é o uzi, uma massa folhada com carne de boi e de carneiro, arroz e castanhas. Leva coalhada, custa o mesmo que um misto quente e mata a fome.

R. Dr. Rafael de Barros, 56, Paraíso, tel. (11) 3884-8502

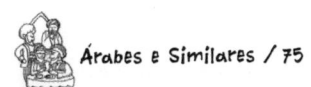

. SAJ .

Restaurante libanês simpático e arejado, no meio da Vila Madalena, frequentado pela fauna local de artistas, jornalistas e desocupados – eu sei, já morei lá. Serve pratos típicos – falafel, linguiça árabe, kafta, kibe cru, michui – muito bem-feitos e com preço em conta.

R. Girassol, 423, Vila Madalena, tel. (11) 3032-5939

. MAMA LEILA .

Tradicional árabe de Pinheiros, serve almoço por quilo ou em sistema de bufê, com 30 pratos típicos. Caso você opte pelo menu à la carte, tente o shish tauk, um sanduíche de pão árabe com recheio de frango conservado em molho especial, salada e tahine. Outra boa pedida é o kibe de abóbora.

R. João Moura, 1.167, Pinheiros, tel. (11) 3064-3823

. CATEDRAL .

O nome não remete muito à comida árabe, é verdade, mas as esfihas do Catedral, restaurante tocado por uma família libanesa há mais de 50 anos, são de primeiríssima. Experimente a de carne e coalhada.

Av. Ricardo Jafet, 630, Vila Mariana, tel. (11) 2062-6440

. CEDRO DO LÍBANO .

Os preços em conta e o ambiente despojado e simples destoam de muitos restaurantes dos Jardins. Neste guia você não verá muitas indicações de lugares nos Jardins, mas pode ir ao Cedro do Líbano sem medo. Ótimas esfihas feitas na hora, além de pratos típicos.

R. Pamplona, 1.701/1.703, Jardins, tel. (11) 3887-3546

. PITA KEBAB .

Botecão simpático e frequentado por uma clientela jovem e dura, que mata a fome e gasta pouco com os ótimos kebabs da casa. Tem uma agradável área ao ar livre e costuma encher de gente tomando cerveja gelada e petiscando as entradas, como as cestinhas recheadas e as pastas árabes. O kebab de cordeiro é muito bom.

R. Francisco Leitão, 282, Pinheiros, tel. (11) 3774-1790

. JABER .

Geralmente não me impressiono com prêmios do tipo "o melhor da cidade", até porque sei que qualquer escolha desse tipo é impossível de ser feita numa metrópole gigante e com incontáveis restaurantes. Mas morei por um bom tempo ao lado de uma das quatro filiais do Jaber, que frequentemente lidera a lista de "melhor esfiha de São Paulo", e posso atestar que é, de fato, muito boa. Mas não curto só a esfiha: a linguiça síria com arroz sírio é uma delícia, assim como o kibe com nozes e hortelã.

O Jaber é um caso raro de restaurante que cresceu sem perder a qualidade e um certo charme.

Vila Mariana: R. Domingos de Morais, 86, tel. (11) 5579-2777

Vila Mariana: R. Joaquim Távora, 1.279, tel. (11) 5083-7083

Pinheiros: R. Mourato Coelho, 383, tel. (11) 3068-9929

Moema: Al. Nhambiquaras, 818, tel. (11) 5052-4436

Itaim Bibi: R. Iguatemi, 512, tel. (11) 3159-0678

. ROSIMA .

Existe há mais de 40 anos na Rua Pamplona (e há mais de 35 na Av. Brigadeiro Luís Antônio), servindo salgados e doces árabes, além de ótimas refeições típicas. O arroz com lentilhas e kafta é um dos pratos mais pedidos.

R. Pamplona, 1.738, Jardim Paulista, tel. (11) 3887-8657

Av. Brigadeiro Luís Antônio, 3.302, Jardim Paulista, tel. (11) 3051-6000

. EMPÓRIO SYRIO .

Simpática loja de produtos árabes, existe há quase 90 anos na região da 25 de Março. Não é um restaurante, mas você pode se abastecer de doces, compotas, azeitonas, pães, queijo chancliche, homus, coalhada, tremoços, favas e todas as delícias árabes, e depois fazer um banquete em casa.

R. Comendador Abdo Schahin, 136, Centro, tel. (11) 3228-4725

. ATTALLAH .

Restaurante simpático e pequeno – tem apenas 26 lugares –, mas serve ótima comida caseira a bons preços. O restaurante é tocado por uma família libanesa e oferece um almoço executivo muito bom. O destaque são as esfihas de onze pontas, com massa fininha. Como o lugar é bem pequeno, uma ótima pedida é levar para casa as esfihas, os charutos de uva ou o kibe assado.

R. Doutor Franco da Rocha, 637, Perdizes, tel. (11) 3675-5462

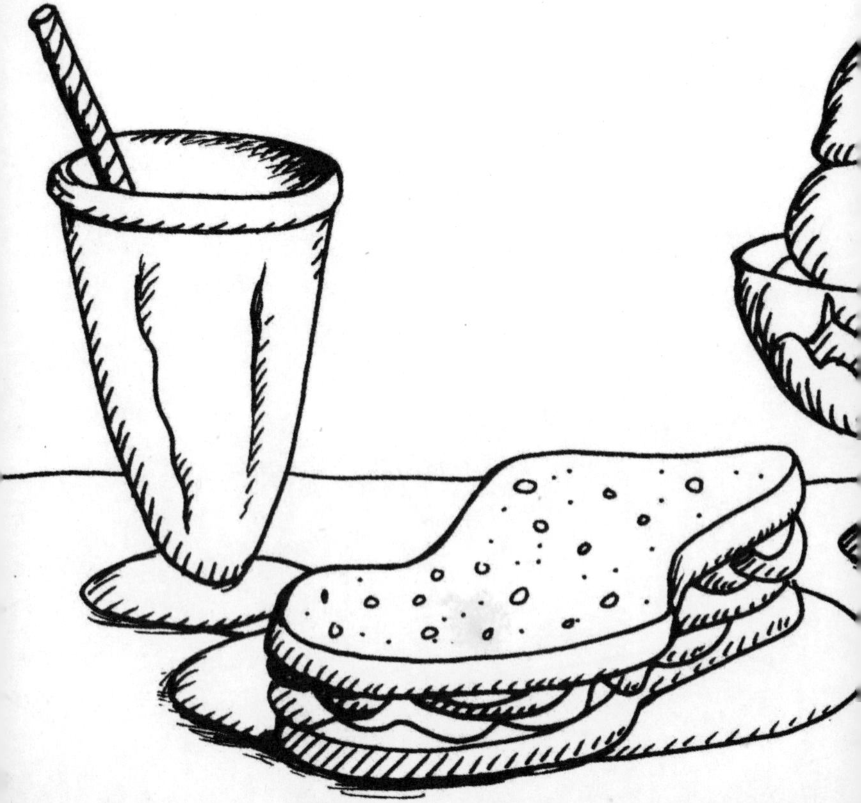

8.
LANCHES E SALGADOS

Tem dias em que tudo que você quer é encostar a pança num balcão e pedir uma coxinha fumegante ou um sanduba de mortadela. E São Paulo está cheia de lugares assim, que fazem grandes lanches (ou sanduíches, para os não paulistanos), salgados e doces. Aqui vão alguns deles. Atenção para o surpreendente número de hamburguerias abertas até de madrugada...

CASA DA MORTADELA

Nos últimos tempos, o sanduíche de mortadela do Mercado Municipal de São Paulo virou uma atração turística, mas, na verdade, prefiro o da Casa da Mortadela. Há quase meio século, o lugar serve lanches de mortadela Ceratti em todas as suas variações (com picles, azeitona, pistache etc.), além de calabresas muito boas. Muitos pedem o sanduba com queijo e vinagrete, mas ainda sou adepto do mais simples: só pão com mortadela na chapa. A mortadela defumada também é demais. Para beber, suco ou refresco de laranja ou, o meu preferido, refresco de uva, sempre geladinho, refrescante e engordativo.

Av. São João, 633, Centro, tel. (11) 3223-9787
R. Bom Pastor, 1.665, Ipiranga, tel. (11) 2063-7004.

SEU OSWALDO

Viva a tradição! O lugar ainda não tem telefone nem entrega (muito menos "delivery") e, mesmo com uma reforma recente, continua com o mesmo climão de boteco que atrai gente de toda a cidade ao Ipiranga há quase 50 anos. O patriarca, Seu Oswaldo, morreu em 2008, deixando os burguermaníacos de luto. Mas a família continua tocando o lugar com igual competência. A receita de molho de tomate é segredo de Estado, e continua com o mesmo gosto.

R. Bom Pastor, 1.659, Ipiranga

. ROTISSERIE BOLOGNA .

O pessoal faz fila para levar os famosos frangos de TV da Bologna, mas eu sempre gostei mais de encostar a barriga no balcão e pedir os salgadinhos. O rissole de camarão, a empada de palmito e os croquetes são de salivar. A Bologna vende também massas frescas para viagem e faz um ótimo sorvete artesanal. No início de 2012 o lugar foi vendido e fechou para uma ampla reforma, mas os donos prometem reinaugurar a Bologna com o mesmo cardápio – e os mesmos balconistas, alguns na casa há mais de 40 anos.

R. Augusta, 379, Consolação, tel. (11) 3256-1108

. HOBBY LANCHES .

Hamburgueria tradicional de Perdizes, tem aquele jeitão de lanchonete de bairro, com balconistas que conhecem os fregueses pelo nome. Tem mesas, mas sempre preferi o balcão mesmo. O Hobby fica aberto até as 2 da manhã e é um ponto de encontro pré e pós-balada. Tem um milk-shake de chocolate matador.

R. Cardoso de Almeida, 1.393, Perdizes, tel. (11) 3862-2772

. KASKATA'S .

Esta é outra lanchonete tradicional do Ipiranga que conseguiu escapar à "modernização" das hamburguerias

da cidade. Existe há mais de 30 anos, sempre servindo lanches grandes e suculentos e um molho de tomate caseiro que é a especialidade da casa. De sobremesa, prove o quase esquecido Vaca Roxa, um milk-shake feito com Fanta Uva e sorvete de chocolate. Para alegria dos notívagos, fica aberto até as 5 da manhã às sextas e aos sábados.
R. Silva Bueno, 1.641, Ipiranga, tel. (11) 2272-0203

. YPÊ .

Qualquer lugar com o nome "old school" de "Sorveteria e Lanchonete" já merece a visita. A Ypê existe há mais de 70 anos na Vila Mariana e, apesar de algumas renovações, continua servindo os mesmos hambúrgueres e o delicioso milk-shake feito com sorvete da casa. Funciona até as 2 da manhã.
R. Vergueiro, 2.143, Vila Mariana, tel. (11) 5573-2299

. DOCE E CIA. .

Um grande achado é este boteco de família japonesa em Pinheiros, que serve ótimas sopas todos os dias, além de salgadinhos de responsa e bons lanches. Coxinhas, empadas e croquetes ficam expostos numa estufa e são servidos numa cestinha. O lugar é muito barato e as sopas salvam as noites frias de São Paulo. Os lanches também são excelentes e em conta, com destaque para o cheese-salada.
R. Fradique Coutinho, 527, Pinheiros, tel. (11) 3819-5921

. DOG DO SEU ÂNGELO .

Por quase 50 anos, o Seu Ângelo e seu tradicional carrinho de hot dog, estacionado em frente ao Shopping Center Lapa, fizeram a alegria dos lapeanos com cachorros-quentes baratos e bem servidos. Até que chegou Gilberto Kassab, em sua cruzada contra a comida de rua, e expulsou Ângelo da calçada. Sem se dar por vencido, o bravo dogueiro simplesmente levou o carrinho para dentro de uma portinha, a poucos metros de onde costumava ficar. Sorte nossa. Outros veteranos da comida de rua não tiveram a sagacidade do Seu Ângelo e acabaram abandonando a profissão, nos deixando mais famintos e a cidade, mais pobre.

Não tem endereço fixo, mas é só perguntar ali perto que todo mundo conhece.

. SANTA TEREZA .

Perdi a conta de quantas vezes me desviei do meu caminho só para passar em frente à Santa Tereza e comer a famosa coxa-creme.

Fundada em 1872, é a padaria mais antiga em funcionamento no Brasil, e já virou quase um ponto turístico do centrão de São Paulo. Por isso, não é tão barata, mas a coxa-creme vale a visita.

Pça. Dr. João Mendes, 150, Sé, tel. (11) 3101-5667

. YOKA .

Em plena Liberdade, fica esta pastelaria, sempre lotada de durangos em busca de um pastel fino, sequinho e delicioso. Meu maior desafio na Yoka é entrar lá e pedir algo diferente do pastel de carne e ovo, guloseima que me obceca há anos. Nunca consegui. Mas já vi muita gente pedindo o pastel japonês, com tofu, shitake, kamaboko (massa de peixe) e cebolinha, que parece sensacional.

R. dos Estudantes, 57, Liberdade, tel. (11) 3207-1795

. CASA BÚLGARA .

Minha família materna é turca, então cresci comendo burekas. A bureka feita pela minha avó parecia uma pequena fogaça, por isso foi uma surpresa conhecer a bureka da Casa Búlgara, que tem forma de rosca (a bureka, não a casa, claro). Apesar da diferença na forma, o gosto é o mesmo: delicioso, com recheios que vão de gorgonzola a espinafre, passando pelo tradicional de carne.

R. Silva Pinto, 356, Bom Retiro, tel. (11) 3222-9849

R. Baronesa de Itu, 375, loja 8, Santa Cecília, tel. (11) 3825-6379

. CEPAM .

Por fora, parece um shopping center. Mas é a Cepam, uma padaria-restaurante-adega-doceria de 2.300 m², que ocupa uma esquina inteira na Vila Prudente e há quase 45 anos mata a fome de muita gente na zona leste. Geralmente prefiro lugares pequenos e aconchegantes, mas é impossível não se impressionar com o gigantismo – e a qualidade – da Cepam.

O difícil lá é escolher uma coisa para comer, tantas são as opções: os pratos e os lanches são muito bons, as sopas são boas pedidas, e os doces, especialmente a musse de Sonho de Valsa, reconfortantes.

R. Ibitirama, 1.409, Vila Prudente, tel. (11) 2341-6644

. DOCERIA MARROM GLACÊ .

Tradicional casa de doces "old school" da região da Vila Mariana, com mais de 40 anos. Os doces são ótimos, com destaque para os bolos de milho e aipim e as bombas de chocolate, mas as coxinhas de galinha também fazem valer a viagem.

R. Luís Góis, 1.425, Mirandópolis, tel. (11) 5584-8887

. EMPANADAS .

Estudantes, artistas, gente de teatro, cineastas e toda sorte de durangos lotam, há mais de 30 anos, o Empanadas, um botecão que já virou clássico da Vila Madalena. Em meio a papos sobre projetos que nunca vão sair do papel e filmes que ninguém nunca vai ver, a turma bebe cerveja gelada e prova as empanadas, os lanches e as porções da casa.

R. Wizard, 489, Vila Madalena, tel. (11) 3032-2116

. YOKOYAMA .

Pastelaria japonesa com 45 anos de bons serviços prestados à causa ogra. Serve esfihas, pizzas e ótimos salgados, como o bolinho de camarão e as empadas, mas o destaque mesmo são os pastéis grandes, sequinhos e bem recheados. Sempre citada em prêmios do tipo "melhor pastel da cidade".

Av. Lins de Vasconcelos, 1.365, Cambuci, tel. (11) 3207-9613

R. Luís Góis, 1.151, Mirandópolis, tel. (11) 2578-5070

. LANCHES MERCADÃO DA LAPA .

Uma ótima opção para escapar do hype e da excessiva lotação do Mercado Municipal do centro é visitar seu primo menor – porém menos turístico –, o Mercado da Lapa. Nesta lanchonete, além de excelentes sanduíches de pernil e bolinhos de bacalhau, você pode comer um bom pastel também.

R. Herbart, 47, Lapa

. BAR DO SEU ZÉ .

Botecão onde os fregueses provam deliciosas empanadas chilenas enquanto os ônibus passam ao lado e jogam fuligem na galera. As de carne-seca com abóbora ou de escarola com queijo fazem a alegria dos roqueiros e dos estagiários de agências de publicidade. Mas prefiro a tradicional, de carne e ovo.

R. Cardeal Arcoverde, 1.920, Pinheiros, tel. (11) 3815-8858

. BURDOG .

Salvação das madrugadas paulistanas há mais de 40 anos, os lanches gigantes do Burdog já foram mais baratos. Mas isso não tira a graça de uma noite no lugar, dividida ombro a ombro com grupos de amigos saindo da balada, "moças" no meio do expediente e motoqueiros. O cheese-salada ainda é muito bom e o milk-shake, cremoso como poucos.

Av. Dr. Arnaldo, 232, Pacaembu, tel. (11) 3151-4849
Av. Santo Amaro, 5.162, Santo Amaro (apenas delivery), tel. (11) 5183-9034

. CHICO HAMBÚRGUER .

Outro templo das madrugadas burguermaníacas paulistanas, o Chico é tradicional ponto de encontro de ogros no pós-balada. Existe há quase 50 anos. Seus quatro hambúrgueres de fabricação própria – tradicional, calabresa, picanha e salmão – são excelentes, e o cliente pode montar o lanche como quiser. Gosto muito do molho tártaro do lugar.

Av. Ibirapuera, 1.753, Moema, tel. (11) 5051-7226

. TONINHO E FREITAS .

A famosa lanchonete do Sumaré/Pacaembu, vizinha do Burdog, propõe o desafio: quem conseguir comer dois beirutes e tomar um milk-shake não paga a conta. O lugar é estrategicamente localizado para o desafio, ficando a passos do IML, do Hospital Emílio Ribas e do Cemitério do Araçá. Nunca me arrisquei, até porque prefiro os hambúrgueres gigantescos de lá. Ótimo ponto para o pós-balada, já que fica aberto até altas horas.

Av. Dr. Arnaldo, 242, Pacaembu, tel. (11) 3259-4762

. ACHAPA .

Tradicional lanchonete paulistana, hoje com quatro filiais pela cidade. Apesar de ter crescido e se modernizado, não mudou o gosto de seus sanduíches, que continuam suculentos e caprichados. Nunca pedi o "monsterburger", com seu hambúrguer de 200 gramas, mas já vi a criatura de perto. E ela impressiona.

Av. Lins de Vasconcelos, 1.353, Cambuci, tel. (11) 3399-2332
R. Heitor Peixoto, 478, Cambuci, tel. (11) 3207-4652

Al. Santos, 24, Jardins, tel. (11) 3289-0011

R. Dr. Melo Alves, 238, Jardins, tel. (11) 3085-0521

. ZÉ DO HAMBURGER .

Hamburgueria pequena e simpática, decorada com motivos dos anos 1950. Apesar do nome bem brasileiro, tem um visual de "diner" norte-americano. Os lanches são muito bons e mais baratos que a média.

R. Caiubi, 1.450, Perdizes, tel. (11) 3938-9748

R. Itapicuru, 419, Perdizes

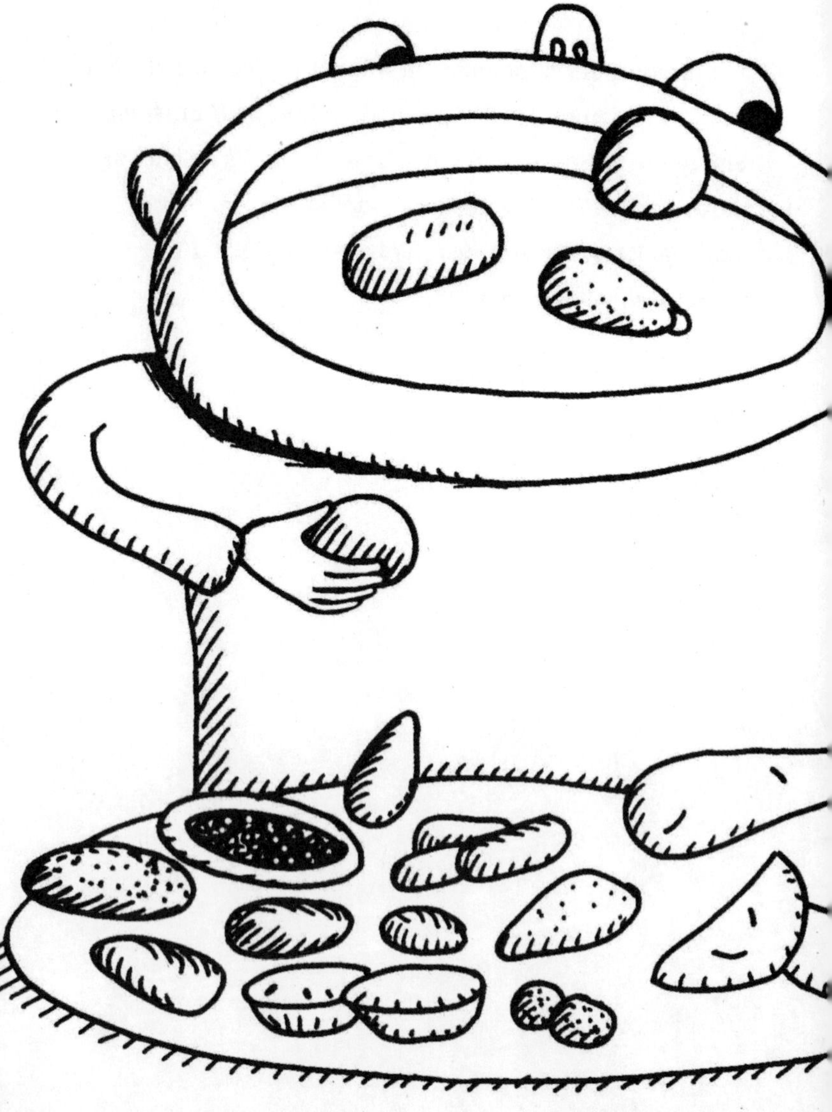

9. PETISCOS

Outra "invasão" gastronômica que São Paulo presenciou nos últimos anos foi a dos "botecos chiques", lugares que gastam os tubos para ficar parecendo bares furrecas do Rio de Janeiro. A lista abaixo privilegia botecões paulistanos autênticos, nos quais você pode saborear petiscos, tomar cerveja gelada e jogar conversa fora sem ir à falência no processo.

. VALADARES .

Divido a humanidade entre quem gosta de comer testículos de boi e quem tem nojinho. Ao primeiro grupo, recomendo uma vista urgente ao Valadares. Ao segundo, sugiro parar de ler por aqui.

O Valadares é um boteco (hoje são três) clássico da Lapa. Há exatos 50 anos ajuda a levantar o colesterol da moçada, com porções e aperitivos deliciosos. Além dos já citados testículos de boi, amo a rã à dorê, as manjubas, o torresmo, a codorna e a inesquecível batata na serragem (com farinha de mandioca e alho). Grandes pedidas são os acepipes frios, dispostos no balcão: salaminho, ovos de codorna, mexilhões, cebolinha, picles e por aí afora.

Os pratos do dia também são excelentes, assim como os lanches. O lugar vive lotado de clientes fiéis, que chamam os garçons pelo nome. Um de meus lugares prediletos em São Paulo.

R. Faustolo, 460 e 463, Lapa, tel. (11) 3862-6167
R. Claudio, 347, Lapa, tel. (11) 3865-5414

. LUIZ FERNANDES .

Tocado pelo mesmo casal há mais de 40 anos, já virou referência entre botecos da cidade, pela qualidade de seus bolinhos fritos e de seu balcão de acepipes e pela simpatia do atendimento.

Os carros-chefes da casa são o bolinho de carne (feito com pão italiano), o bolinho Surpresa da Dona Idalina, que leva berinjela, e o Brasileirinho, com mandioquinha e feijoada. E o balcão de frios é do outro mundo: aliches, sardinhas, erva-doce, azeitonas, moela, fígado de frango, joelho de porco, enfim, um banquete. O bar serve ótimas batidas e cerveja trincando.

R. Augusto Tolle, 610, Santana, tel. (11) 2976-3556

. A JURITI .

Fundado em 1957, é um daqueles botecões clássicos, especializado em porções e cerveja gelada. São mais de 30 opções de tira-gostos, expostos num longo balcão. Impossível passar uma tarde lá sem provar a menina dos olhos (e do estômago) do lugar: a mitológica calabresa à Joana D'Arc, mergulhada no álcool (isso mesmo, é ver para crer). Uma delícia.

Mas não é só. O lugar tem codornas fritas, rãs à dorê, mexilhões no vinagrete e uma excelente porção de erva-doce com azeite, além de uma sardinha escabeche com molho de tomate que é uma coisa de louco. Para beber, sugiro as batidas de amendoim e coco.

Encostados no balcão, fregueses chamam os balconistas pelo nome e fazem pedidos com detalhes que só velhos clientes são capazes de conhecer. Uma beleza.

R. Amarante, 31, Cambuci, tel. (11) 3207-3908

LUIZ NOZOIE

Se você gosta de petiscos de frutos do mar e cerveja gelada, não precisa procurar mais: seu lugar é esse botecão japonês perto do Jardim Zoológico. Reza a lenda (e ele tem fotos para comprovar) que Seu Luiz vai pescar toda semana para abastecer o boteco de peixes, lulas e camarões. E é tudo fresquinho mesmo.

O balcão traz petiscos frios, como frutos do mar ao vinagrete (lulas, camarões, mexilhões, polvos), além de sardinhas recheadas, azeitonas com aliche, salames e queijos. Mas o que impressiona mesmo são os bolinhos e as frituras, com destaque para o espeto de camarão, a rã à milanesa e o espeto de peixe-espada. O pastel de camarão é de comer ajoelhado.

Av. do Cursino, 1.210, Saúde, tel. (11) 5061-4554

JABUTI

Bem em frente ao Instituto Biológico, na Vila Mariana, fica este boteco tradicional, especializado em frutos do mar. Serve caranguejo na tábua, manjubas fritas, polvo ao alho e óleo, patinhas de caranguejo, bolinhos de bacalhau e muito mais. Tudo de primeira.

O lugar oferece almoço também, incluindo uma bem falada feijoada aos sábados, mas sempre pedi mesmo os petiscos do mar. A sardinha escabeche e a rã frita também são ótimas pedidas.

Av. Cons. Rodrigues Alves, 1.315, Vila Mariana, tel. (11) 5549-8304

. ELÍDIO .

Poucas visões são tão bonitas quanto uma panorâmica do balcão de acepipes do Elídio. É um bar tradicional da Mooca, reduto de jogadores de futebol, decorado com camisas de clubes, fotos de craques e recortes de jornal. Dá para ficar a tarde toda comendo picles, sardinha enrolada na cebolinha, linguiça curada, queijos e polvo ao vinagrete. Existe uma filial do boteco, no segundo andar do Mercadão, no centro. O dono, o adorado Elídio, nos deixou em 2012, mas as filhas prometem continuar seu legado de ótima comida e simpatia.

R. Isabel Dias, 57, Mooca, tel. (11) 2966-5805

R. da Cantareira, 306, 2º andar, Centro (Mercado Municipal)

. O PESCADOR .

Bem em frente ao antigo presídio do Carandiru, fica outro ótimo botecão para os fanáticos por frutos do mar: O Pescador. Muita gente vai lá para se empanturrar com os enormes pratos de bacalhau e camarão, mas o melhor da casa são as porções, para pedir sem pressa, bebendo e batendo papo. Experimente a porção de trilha frita ou a de porquinho. Outras ótimas pedidas, especialmente para quem gosta de peixes de água doce, são o tucunaré assado no sal grosso e a costelinha de tambaqui. Para rebater, um fumegante caldinho de siri ou de sururu.

Av. Zaki Narchi, 1.464, Carandiru, tel. (11) 2221-3326

. BAR DO PLÍNIO .

Se você gosta de peixes de água doce, seu lugar é este botecão na Casa Verde. Traíra, tucunaré, pacu, tilápia, tambaqui, pirarucu e até jacaré (de cativeiro, claro) são servidos em porções e pratos.

Sugiro ir em um grupo grande e pedir vários aperitivos, para poder saborear todos os peixes. Vale a pena ligar antes e saber que peixes o dono, Plínio, trouxe de suas muitas pescarias.

R. Bernardino Fanganiello, 458, Casa Verde, tel. (11) 3857-0999

. BAR DO BOLINHO .

Tradição no ABC, este lugar existe há mais de 40 anos. O nome pode dar a impressão de que só oferece o famoso bolinho de carne da casa – que já vale a viagem –, mas o botecão oferece também salgados de camarão, bolinhos de bacalhau e uma fantástica mandioca em cubos.

R. General Osório, 43, São Bernardo do Campo, tel. (11) 4345-4605
R. João Pessoa, 262, São Bernardo do Campo, tel. (11) 4509-9855

. FRANGÓ .

Sua coxinha de frango já virou atração turística de São Paulo e sempre aparece em eleições de melhores da cidade. Mas não é o único atrativo da casa. O frango grelha-

do, o caldo de mocotó e as mais de 250 marcas de cerveja atraem multidões a este antigo casarão na Freguesia do Ó.
Lgo. da Matriz Nossa Senhora do Ó, 168, Freguesia do Ó, tel. (11) 3932-4818

. VELOSO .

Invariavelmente lotado, o Veloso, localizado numa rua tranquila da Vila Mariana, sempre disputa com o Frangó os prêmios de "melhor coxinha" de São Paulo. Uma disputa acirrada. Se é a melhor, não sei, mas é muito mais saborosa que a média. As caipirinhas, especialmente a de tangerina, são ótimas, assim como os bolinhos e a feijoada.
R. Conceição Veloso, 56, Vila Mariana, tel. (11) 5572-0254

. AMIGO LEAL .

Quem passa embaixo do Minhocão já viu este botecão com nome simpático, que existe há 45 anos e atrai uma clientela fiel com seu chope gelado e a suas especialidade alemãs, como o Einsbein (joelho de porco) e o kassler (costeleta de porco). As porções de pastéis também são muito pedidas.
R. Amaral Gurgel, 165, Vila Buarque, tel. (11) 3223-6873

. BAR DAS BATIDAS ("CU DO PADRE") .

Há décadas conhecido pelo singelo apelido de "Cu do Padre", por ficar bem atrás da igreja do Largo de Pinheiros, o

Bar das Batidas ficou famoso por suas – hã... – batidas, claro, pelo clima simpático e por um provolone gostoso. Hoje, com novos donos, o Cu do Padre ficou mais limpinho (opa!) e só abre a partir do fim da tarde, servindo os lanches de calabresa e as porções que fizeram a fama do lugar.

R. Padre Carvalho, 799, Pinheiros, tel. (11) 7846-3749

. PETISCO AMIGO .

Boteco simpático, limpo e bem montado, o Petisco Amigo tem uma boa seleção de acepipes vendidos a quilo. Oferece porções de copa, salame, antepasto de berinjela, queijos e uma "carne louca" feita com cebola e azeitona verde. Mas o destaque da casa é o pernil com cebola e pimentão. A casa costumava servi-lo só às sextas, mas foram tantos os pedidos dos clientes que o prato agora sai todo dia.

R. Amarante, 56, Cambuci, tel. (11) 2371-1997

. BAR DO GIBA .

O lugar não tem cardápio, então não fique com vergonha de perguntar para os garçons. Mas pode pedir qualquer um dos pastéis sem medo. São sensacionais, especialmente o de palmito – com um recheio cremoso – e o de camarão. Aos sábados, serve uma feijoada muito boa. Fica lotado de velhos clientes comendo petiscos e tomando cerveja geladíssima.

Av. Moaci, 574, Moema, tel. (11) 5535-9220

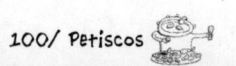

. LEGÍTIMO BAR .

A especialidade deste boteco da Vila Mariana são as linguiças artesanais de Bragança Paulista, servidas a metro – é isso mesmo, a metro –, em espirais que chegam à mesa numa chapa. Há as linguiças tradicionais, como as calabresas com pimenta ou alho, e as linguiças exóticas, como a de avestruz.

R. Luís Góis, 1.728, Vila Mariana, tel. (11) 2729-2730

. A LAPINHA .

Numa esquina tranquila e residencial da Lapa fica este botecão simpático, conhecido do pessoal do bairro, que lota as mesas na calçada. Alguns conhecidos costumam almoçar lá e elogiam demais a comida, mas só fui lá para provar os petiscos e salgados, que são excelentes. Experimente a porção de "Pastéis da Horta", recheados com couve e gorgonzola, que é surpreendente. Os escondidinhos são muito pedidos (o melhor é o de bacalhau com batata), assim como o jiló chips – isso mesmo, um chips frito de jiló. Nas noites frias, uma ótima pedida é a "Sopa do Carlão", um caldo de siri.

Rua Coriolano, 336, Lapa, tel. (11) 3672-7191

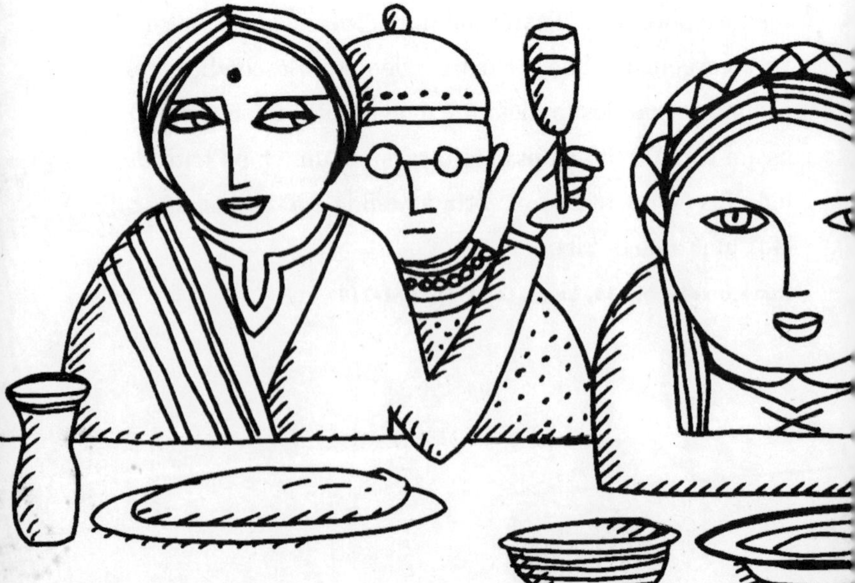

10. ÉTNICOS VARIADOS

São Paulo é uma verdadeira Babel de sabores. Difícil achar uma etnia que não tenha pelo menos um representante na cidade. Aqui vai uma lista de lugares para saborear comida dos mais variados cantos do mundo, sem sair de São Paulo.

. ACRÓPOLES .

Restaurante grego inaugurado há mais de meio século no Bom Retiro. Seu Trasso, de 94 anos, o simpático dono, ainda passa pelas mesas batendo papo com os clientes. O ambiente é simples e apertado, como deve ser. O próprio cliente vai ao balcão onde ficam os pratos e escolhe o que quer comer. O prato mais popular é o mussaca, uma espécie de lasanha de berinjela e carne moída. Mas tem também camarão à parmegiana com arroz à grega e batatas coradas, carneiro com alcachofra e o meu favorito: lula recheada com risoto de frutos do mar.

R. da Graça, 364, Bom Retiro, tel. (11) 3223-4386

. RINCONCITO PERUANO .

Não é fácil achar o Rinconcito Peruano. O lugar não tem placas nem os vizinhos da Rua Aurora, na região preconceituosamente chamada de Cracolândia, parecem conhecer o restaurante. Foi um guardador de carros que me salvou: "Vai andando por esta calçada. Quando você sentir o cheiro de peixe, pode subir que é lá".

O Rinconcito é muito simples: uma dúzia de mesas com toalha de plástico. Nas paredes, TVs exibem novelas mexicanas. O povo se esbalda com ceviches, chicharrones de calamares (lulas à dorê), arroz com mariscos e o leche de tigre, que a garçonete definiu como "suco do ceviche". Um dos pratos mais populares é o lomo saltado a lo pobre, um pratão de carne em tiras, tomate e cebola, que ainda vem com batatas fritas, banana-da-terra frita e um ovo por cima. As porções são grandes, então o ideal é ir com um grupo de amigos e pedir pratos variados.

R. Aurora, 451, Centro, tel. (11) 3361-2400

. BAR DO VITO .

Boteco lituano na Vila Zelina, fundado em 1944. Há algum tempo vivia uma fase de transição, em que os frequentadores mais jovens já não pediam tanto as especialidades lituanas que fizeram a fama do lugar, como a koslina (uma geleia de carne de vaca e porco), o virtiniai (uma espécie de ravióli recheado com carne ou com queijo) ou o tradicional pão preto lituano.

Fiz uma coluna sobre o fato na *Folha de S. Paulo* e a repercussão foi grande. Um dos donos me escreveu e disse que iriam voltar a servir a comida lituana com mais frequência. Vale muito a pena visitar o Bar do Vito. Só sugiro ligar antes e perguntar o que tem no cardápio.

Av. Zelina, 851, Vila Zelina, tel. (11) 2341-6994

. FEIRA BOLIVIANA DO PARI .

Todo domingo, na Praça Kantuta, próximo ao metrô Armênia, rola a feira dos imigrantes bolivianos, onde, além de ouvir bandas típicas e comprar CDs, flautas e lembranças da terrinha, você pode provar o melhor da comida de rua andina. Várias barracas vendem empanadas, salteñas, anticucho (espetinho de coração de boi) e api (suco quente de milho).

Praça Kantuta, s/n, Pari

. BIYOU-Z .

Fui duas vezes a este restaurante africano, que fica quase na Praça Júlio de Mesquita. Apesar de ler em alguns blogs sobre a simpatia da dona, acho que dei azar, porque fui maltratado pacas. A dificuldade de comunicação foi tremenda. Ninguém falava português e a cozinheira foi de uma antipatia que quase me fez ir embora: "African food! African food!", se limitou a dizer a moça quando perguntei, em português e depois em inglês, o que havia no cardápio.

A comida, no entanto, é muito boa. Comi o carro-chefe da casa, um peixe frito acebolado com banana-da-terra frita.

Um sujeito ao meu lado comia um frango ensopado com uma espécie de polenta que parecia muito bom. O lugar vive lotado de africanos, o que é um ótimo sinal.

Al. Barão de Limeira, 19-A, Campos Elíseos, tel. (11) 3221-6806

. TONEL .

Diferentemente do Rio de Janeiro, São Paulo é um deserto de bons restaurantes portugueses. Mas o Tonel, um lugar simples e pequeno, localizado numa esquina da Chácara Santo Antônio, em Santo Amaro, vale a visita. É uma ótima opção para quem quer comer comida portuguesa – em especial um bom bacalhau – sem ser escalpelado nos preços.

O lugar oferece bolinhos de bacalhau, alheiras e excelentes pratos de bacalhau. O destaque é o lagareiro, com uma posta grande, no azeite e alho, servida com batatas ao murro. De sobremesa, vá do tradicional pastel de nata.

R. Antônio das Chagas, 409, Santo Amaro, tel. (11) 5181-5441

AGRADECIMENTOS

Este guia nasceu de uma série de textos que publiquei em meu blog, www. andrebarcinski.blogfolha.uol.com.br. Fiz o primeiro texto meio na brincadeira, mas a reação dos leitores foi tão entusiasmada, com tantos comentários e sugestões de restaurantes, que decidi transformar aquilo num guia.

Meu primeiro agradecimento, portanto, vai para os leitores do blog. É muito bom saber que há tantos ogros por aí.

Contei também com a ajuda de amigos, que colaboraram com dicas de seus lugares prediletos. Meu muito obrigado a Paulo Cesar Martin, Álvaro Pereira Jr., Ricardo Andrioli Alves, Marcelo Orozco, Marcos Nogueira (revista *VIP*) e Julinho (botecodojb.blogspot.com.br), companheiros de tantas ogrices por aí.

Agradeço à Tatiana Allegro, da Editora Planeta, pelo convite para publicar o livro, e às incríveis Lili Tedde e Maria Eugênia, pelo design e ilustrações, que conseguiram a proeza de colocar um pouco de charme no meio de tantos botecos e pés-sujos que infestam estas páginas.

Finalmente, agradeço aos amados Noel, Nina e Paula, a família mais ogra do mundo.

ÍNDICE POR REGIÃO

CENTRO

1020, 34
Achapa, 90
Acrópoles, 104
Aldeia da Pedra, 50
Aliados, 17
Amigo Gianotti, 34
Amigo Leal, 99
Aska, 48
Bá, 66
Bi Col, 50
Biyou-Z, 106
Boi na Brasa, 26
Bueno, 42
Café da Sogra, 18
Califórnia, 23
Capuano, 38
Casa Aurora, 37
Casa Búlgara, 86
Casa da Mortadela, 82
Chi Fu, 54
Churrascaria Mester, 29
Deigo, 47
Dinastia Ritz, 57
Do Sertão, 65
Dona Onça, 16
Elídio, 97
Empório Syrio, 78
Esfihas Effendi, 71
Esquina Grill do Fuad, 28
Estadão, 15
Falafel Malka, 73
Garagem do Coreano, 46
Gato Que Ri, O, 37
Guanabara, 17
Habib Ali, 72
Ita, 13
Itamarati, 21
Jacob Grill, 73
Jardim Meio Hectare, 55
Juriti, A, 95
Kaizen, 48
Kidoairaku, 42
Kimahri, 44
Kintarô, 43
La farina, 13
Lousã, 29
Lua Palace, 51
Lucky, 56
Marajá, 22
Monte Líbano, 74
Nandemoyá, 51
New Shin La Kwan, 47
Okuyama, 50
Padaria 14 de Julho, 39
Padaria Palmeiras, 18
PASV, 12
Petisco Amigo, 100
Porque Sim, 48
Porquinho da Rua Guarani, 45
Portal da Coreia, 45
Raful, 74
Rancho Nordestino, 65

Rei dos Reis, 55
Rinconcito Peruano, 104
Rong He, 58
Rota do Acarajé, 64
Rotisserie Bologna, 83
Salada Record, 20
Santa Tereza, 85
Sashimi do Mar, 49
Seok Joung, 46
Shabu-Shabu, 57
Speranza, 35
Sujinho, 26
Taizan, 59
Ugue's, 16
Yoka, 86
Yokoyama, 88

ZONA NORTE

Bar do Plínio, 98
Casa Garabed, 70
Damasco Antigo, 74
Dono da Noite, O, 20
Frangó, 98
G.D.R. Piquery, 35
Galinhada do Bahia, 62
Luiz Fernandes, 94
Mocotó, 63
Pescador, O, 97

ZONA LESTE

Abu-zuz, 71
Bar do Vito, 105
Beco do Mocotó, 64
Carlinhos, 72
Castelões, 34
Cepam, 86
Cereja, 23
Elídio, 97
Esfiha Juventus, 75
Feira Boliviana do Pari, 105
Pizzaria do Angelo, 37
Sashimi Bar, 49

ZONA OESTE

Achapa, 90
Attallah, 79
Bar das Batidas ("Cu do Padre"), 99
Bar do Mário, 23
Bar do Seu Zé, 88
Bar dos Cornos, 65
Biu, 63
Bueno, 42
Burdog, 89
Casa do Norte – Cantinho do Martinho, 67
Casa do Norte – Serra e Sertão, 67
Caverna Bugre, 19
Cedro do Líbano, 77
China Massas Caseiras, 59
Chivito de Ouro, 20
Degas, 19
Di Salerno, 36
Doce e Cia., 84
Dog do Seu Ângelo, 85
Empanadas, 87
Erva Doce, 22
Esmeralda, 56

Estrela da Tito, 21
Galpão da Pizza, 39
Hi Pin Shan, 59
Hobby Lanches, 83
Jaber, 77
Lanches Mercadão da Lapa, 88
Lapinha, A, 101
Mama Leila, 76
Patá Churras, 21
Pita Kebab, 77
Rosima, 78
Royal, 18
Sabiá, 22
Saj, 76
Seu Gabin, 66
Souza, 15
Ton Hoi, 54
Toninho e Freitas, 90
Tratoria del Michelle, 38
Valadares, 94
Yakitori Mizusaka, 49
Zé do Hamburger, 91

ZONA SUL

Bar do Giba, 100
Brazeiro, O, 27
Burdog, 89
Casa da Mortadela, 82
Catedral, 76
Chico Hambúrguer, 89
Chuletão, 29
Costela de Ouro, 28
Costela e Cia., 27
Doceria Marrom Glacê, 87

Feijoada da Dona Cida, 14
Galeteria, A, 30
Halim, 75
Hi Pin Shan, 59
Huang, 58
Jaber, 77
Jabuti, 96
Jacob Grill, 73
Kaskata's, 83
Legítimo Bar, 101
Luiz Nozoie, 96
Pizzaria Tio Gino, 36
Rotisserie Nipon, 44
Seu Oswaldo, 82
Speranza, 35
Tenda do Nilo, 70
Tonel, 106
Veloso, 99
Yakitori, 46
Yokoyama, 88
Ypê, 84

GRANDE SÃO PAULO

Osasco

Bar do Seu João, 31
Costelândia, A, 30

Santo André

Rosas, 14

São Bernardo do Campo

Bar do Bolinho, 98

Este livro foi composto em Cambria
para a Editora Planeta do Brasil
em maio de 2013